シリーズ「遺跡を学ぶ」083

北の縄文鉱山

上岩川遺跡群

吉川耕太郎

新泉社

北の縄文鉱山
―上岩川遺跡群―
吉川耕太郎

【目次】

装　幀　新谷雅宣
本文図版　松澤利絵

第1章　縄文鉱山、発見

1　散らばる石のかけら

主役は石器

縄文時代といってまず思い浮かぶのは、ふつう縄文土器や土偶であることが多い。その造形美は世界的に注目され、考古学研究の対象であるばかりでなく美術史上も高く評価されている。しかし、本書では土器はわずかしか出てこないし、土偶は登場しない。主役は石器である。

二〇〇四年の秋、わたしは秋田県三種町《みたねちょう》の上岩川《かみいわかわ》という場所に立っていた。読んで字のごとく、岩の多い谷あいの土地で、田んぼや畑を耕すときに邪魔になった岩が耕地の片隅に捨てられて小山になっていた（図1）。

じつはこの岩が、東北地方において、旧石器時代から縄文時代、弥生時代にわたって石器の原料となった「珪質頁岩《けいしつけつがん》」という石で、本書の主役である。

あたり一面に散らばる石のかけら

その年、県道能代五城目《のしろごじょうめ》線の建設に先立って、秋田県教育委員会は、道路予定地に遺跡があるかどうかを確認するための分布調査を実施することになった。

一般的に、遺跡の発掘調査には学術調査と緊急調査（事前調査）がある。学術調査とは学術研究を目的とした調査で、緊急調査とは道路をつくったり土地の区画整備などで遺跡を破壊してしまうことが避けられない場合に、事前におこなう発掘調査である。緊急調査では遺跡はなくなってしまい、調査した記録しか残らないので、史跡などの「現地保存」に対して、「記録保存」という。

現在、日本国内における発掘調査件数は年間九〇〇〇件以上あるが、その九割以上が緊急調査である。言い換えれば、それぐらい多くの遺跡が、その一部分であるにせよ、毎年失われているのである。

図１●水田脇に山積みになっている珪質頁岩
農作業の邪魔になるのでまとめて捨てられていた。
なかには質の良い原石もあった。

そして、緊急調査の前に、工事区域に遺跡があるかどうかを確認する作業が分布調査である。わたしはこの分布調査のため、上岩川地区を訪れたのであった。本当は調査メンバーから外れていたのだが、調査担当者の五十嵐一治が、専門分野が石器のわたしをメンバーに加えてくれたのだった。

分布調査では、通常、一〜二メートル四方の試《し》掘《くっ》坑《こう》（トレンチ）を設定し、掘りながら遺跡かどうかをみきわめる。しかし、上岩川ではその必要はなかった。地面を掘るまでもなく足元には、石器をつくるときに出た石のかけらが散らばっていたからである（図2）。

黒曜石の縄文鉱山

こんな光景をどこかでみたことがある。

石のかけらを踏まないように注意しながら歩を進めていくうちに、過去の風景がよみがえってき

図2 ● 地面に散らばる石のかけら
足の踏み場もないほど、石のかけらが散らばっていた。
中央上方の白っぽい珪質頁岩は直径20cmほどの石核。

た。長野県長門町《ながと》（現・長和町《ながわ》）の鷹山《たかやま》遺跡群・星糞峠《ほしくそとうげ》だ。地元自治体と明治大学が学術調査をつづけている遺跡で、学生時代に学術調査の厳しさとそれを上まわるフィールドワークの魅力を教わった、わたしにとって思い出深い「教室」である。

星糞峠の「星糞」とは黒曜石《こくようせき》のことをさす。あたかも星の糞のように黒く光り輝く黒曜石のかけらが峠のあたり一面に散らばっていたのである（図３）。その多くが人の手の加わった石片《せきへん》だ。縄文人が、数千年にわたって黒曜石を利用しつづけたことがわかり、黒曜石の「縄文鉱山」として二〇〇一年に国の史跡に指定された。

ここ上岩川も、石材や規模は異なるが、同じような雰囲気、縄文人の石器に対する執念が感じられた。しかし、そのときはまだ、ここが「縄文鉱山」とよぶにふさわしい場所だとは夢にも思わなかったのである。

図３ ● **長野県長和町鷹山遺跡の牧ヶ沢黒曜石産出地**
地表面上で黒くキラキラした輝きをみせる黒曜石。
その多くは縄文人が石器づくりで残した石片だ。

2　緊急調査の必要あり！

心落ち着く里山

上岩川は、秋田市から車で日本海東北自動車道を北に四〇分ほど走った山のなかにある（図4）。三種川とその支流の小又川《こまたがわ》が長い年月の間に切り開いた谷底平野で、東側には奥羽《おうう》山脈に連なる房住《ぼうじゅう》山地が、西側には出羽《でわ》丘陵が南北にはしる。平野の真ん中を流れる川の両側には田んぼが広がり、その外側に植林地や集落が散在する、何かしら懐かしいような気持ちにさせてくれる景観の里山だ（図5）。

遺跡は、この西側の出羽丘陵東麓にそった河岸段丘上にある。この出羽丘陵を越えると広大な日本海と男鹿《おが》半島の山並みが眼前に広がる。遺跡がのる河岸段丘は、小又川によりかつて運ばれた氾濫堆積物と考えられ、出羽丘陵側から小さな沢がいく筋もその段丘を刻みながら小又川に流れ込んでいる。

石器しかない縄文時代の遺跡

発見の翌年二〇〇五年八月から一〇月、遺跡がどのくらい広がっているかを確定する確認調査がおこなわれた。地形を考慮しながら、溝状の試掘坑を設定し、遺物・遺構の有無をみていく（図6）。そして、分布調査での予想どおり、珪質頁岩の原石が顔をのぞかせた（図7）。遺跡であることはまちがいない。

図４ ● 本書に登場する秋田県の主要な遺跡
県三大河川の米代川・雄物川・子吉川の流域には数多くの遺跡がある。また、日本海に突き出た男鹿半島は、縄文時代前期の温暖化による海進時には島となっており、金ヶ崎・脇本の黒曜石原産地が知られている。

遺跡であると判断されれば「新発見の遺跡」として台帳に登録される（すでに知られている遺跡は、行政上「周知の遺跡」とよばれる）。ここはまちがいなく新発見の遺跡だ。

　しかし、土器が出土しない。それでは、土器が発明される以前、つまり旧石器時代の遺跡だろうか。特徴の乏しい石片から、旧石器時代か縄文時代かをみきわめるのは至難の業である。土層《どそう》の堆積が薄いため、層位《そうい》学的検

図5 ● 上岩川遺跡群（南から）
小又川によって開析された谷あいに遺跡群が形成された。
現在はのどかな里山の風景が広がっている。

図 6 ● **鹿渡渉Ⅱ遺跡の確認調査**
上：確認調査前に調査区内の杉林を伐採した状況。地表面にみえる小さな白い点々は珪質頁岩のかけら。
下：調査区に沿ってトレンチを設定して調査。中央の黒い土のところ（矢印の箇所）は縄文人の掘った穴の跡。

討がむずかしい秋田県では、それぞれの時代に特徴的な石器製品（道具）が出土してようやく時代を確定できる。

調べていくと、出土する石器は縄文時代に特徴的なものばかりだ。しかし、石器しか出土しない縄文時代の遺跡なんて、あるのだろうか。確認調査担当者はそういぶかしく思いながら、ただ膨大な石器の出土に、当然、本格的な緊急調査の必要ありと判断したのであった。

こうして、小さな沢によって区切られた段丘上に、連なるように合計六カ所が「新発見の遺跡」として確認された。

歩いてわずか五分程度の範囲だが、土地の小字名をとって、北からそれぞれ、鹿渡渉《かどわたり》Ⅱ遺跡、樋向《とよむかい》Ⅰ遺跡、樋向Ⅱ遺跡、樋向Ⅲ遺跡、大沢《おおさわ》Ⅰ遺跡、大沢Ⅱ遺跡と命名された。そして、その全体をさして上岩川遺跡群とよぶことになったのである（図5・8）。

図7 ● 樋向Ⅰ遺跡で原石発見
確認調査のトレンチ内で珪質頁岩の原石を発見した。

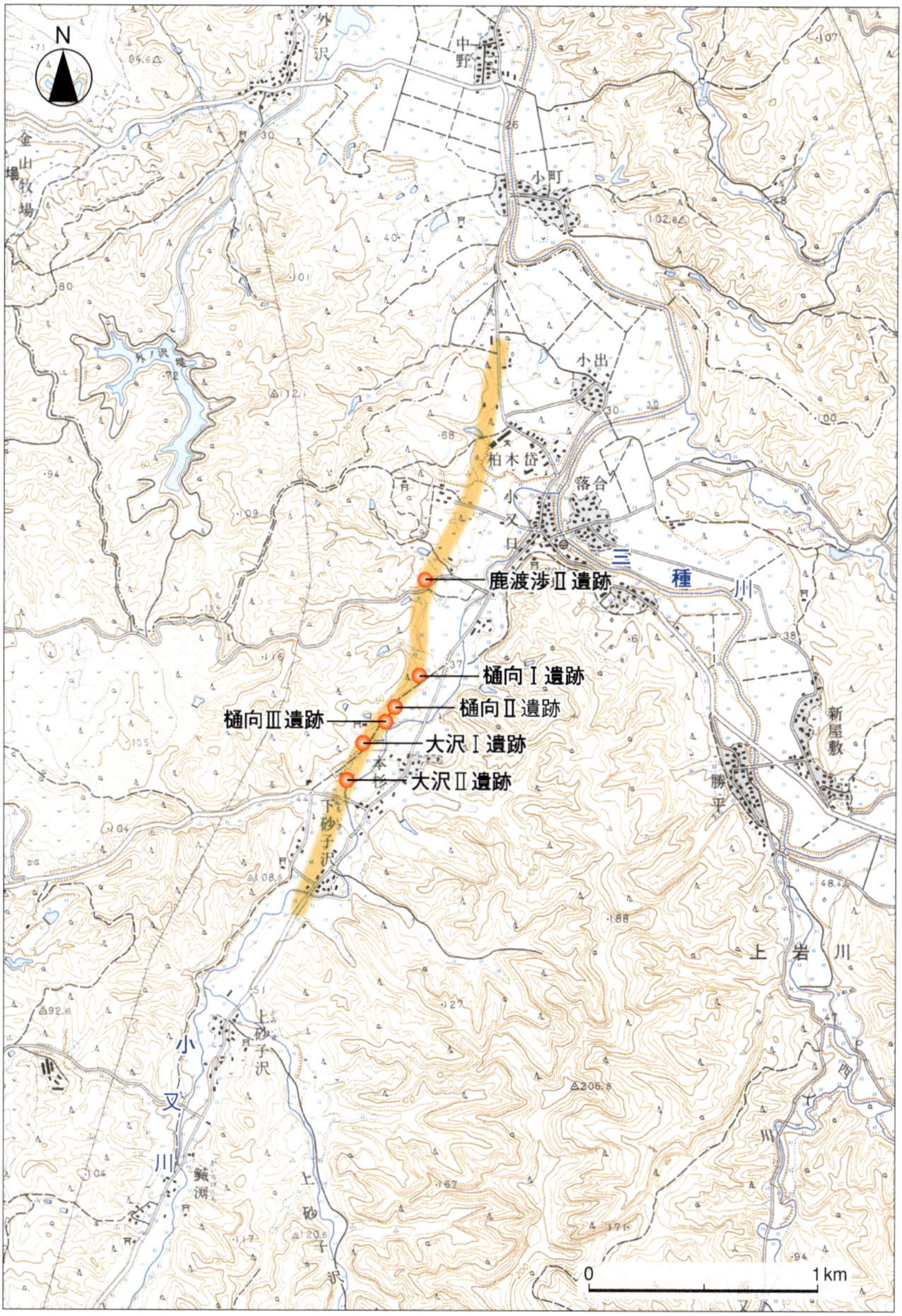

図８ ● 上岩川遺跡群の位置
出羽丘陵東麓に沿って、遺跡が連なって確認された。また、三種川と小又川の合流地点には、柏木岱Ⅱ遺跡（後述）という、本遺跡群と密接な関連のある縄文時代の遺跡もみつかっている。

第2章　壮大な珪質頁岩の物語

1　珪質頁岩とは

灰色の硬い石

割った面は思いの外ツルツルしていて、大きさの割にずっしりと思い。表面は風化により灰色をしているが、なかには臘《ろう》のように乳白色であったり、黄褐色であったりして、光沢のあるものが多い（図9）。割れば、中身には不純物がなく、硬くしかも緻密である。石器をつくるのに、そしてものを切ったり削ったりするのに適していることがわかる。――この珪質頁岩とは、いったいどのような石なのだろうか。

岩石は、大きくいって、二種類に分けられる。火山のマグマが冷えて固まってできた火山岩（火成岩）と、泥や生物の死骸が長年積み重なってできた堆積岩である。

火山岩は、さらに流紋岩《りゅうもんがん》、安山岩《あんざんがん》、玄武岩《げんぶがん》などに分類される。これは含まれる珪酸《けいさん》の比率によって異なる。珪酸とは地殻を形づくる主成分で、地球上に広く多量に存在し、融解してから冷やすとガラス状になりやすい。

流紋岩や石英質《せきえいしつ》安山岩のうち、とくにガラス質のものが黒曜石（図10）で、珪酸の割合が高いマグマが特殊な条件で急速に冷えて固まったものである。日本列島のなかで良質な黒曜石の原産地は限られ、北海道の白滝《しらたき》、長野県の霧《きり》ヶ峰《みね》、佐賀県の腰岳《こしだけ》などが著名である。また、安山岩のうちでガラス質のものはサヌカイト（図11）とよばれ、奈良県の二上山《にじょうざん》や香川県の五色台《ごしきだい》などが原産地として知られる。

一方、堆積岩は、堆積した物質の種類や粒子（泥、火山灰、砂、プランクトンなど）の大きさのちがいによって、泥岩《でいがん》、頁岩《けつがん》、凝灰岩《ぎょうかいがん》、砂岩《さがん》、チャートなどに分けられる。このなかで頁岩は、大きくみれば泥岩の一種で、珪酸鉱物と粘土鉱物が混ざってできた岩石だ。そして、頁岩のうちで

図９ ● 珪質頁岩
中心の黒褐色の面は新鮮な割れ面。外側にいくにつれて風化層となり、表面は白くツルツルしている。

も珪酸を多く含むものが珪質頁岩である。通常の頁岩よりも硬いため、硬質頁岩とよばれることもある。

これら黒曜石、サヌカイト、珪質頁岩が、日本列島における石器時代の三大石器原料である（図12）。

どのようにして珪質頁岩はできたか

日本海側に珪質頁岩ができたのは古く、いまからおよそ一三〇〇万年前の新第三紀中《ちゅう》新世《しんせい》とよばれるころである。もちろん地球上に人類はまだいない。

太古、まだ日本列島がいまのような形になるまえ、そこは小さな島々が集まったような状態であった。こうした多島海域は、多くの珪藻《けいそう》や放散虫《ほうさんちゅう》が生息するのに適した自然環境であった。

およそ二五〇〇万年前から、グリーンタフ変動期といって、全地球規模で地殻変動が起こる。陸地の隆起・沈降や火山活動が激しくなる。大きな山脈や河川が形成されはじめ、日本列島の東北地方では日本海側と太平洋側を隔てる標高二〇〇〇メートル級

図 10 ● **黒曜石の原石と石器**
左上のふたつの大きな黒曜石の塊が原石。その下は石器製作時に出た石片。右下は旧石器・縄文時代の石器。右上の黒曜石でないものは敲石と台石。

の奥羽山脈ができる。実際、奥羽山脈の頂上は、一八〇〇万年前には海底だった地層をのせている。

一方、この時期に日本海では、徐々に深い海が形づくられていく。その海の底に、古日本列島から流れだした土砂がたまる。命のついえた魚やプランクトン、藻などの生物が深く静かに沈んで泥に埋もれていった。嵐があると、海面近くは大荒れになって波が大きくうねるが、深い海の底はいつでも静かで荒れることはない。

珪質頁岩は、このように深い海底で長い年月をかけて静かに固まり、地殻変動の圧力を受けながら形成された岩石なのである。泥岩や珪質頁岩のなかには縞状の模様があるものもあるが、それは静かな海の底で、一枚一枚層をなして泥がたまったことを示している（図13左上）。運がよければ、なかに魚や貝、虫の巣穴などの化石が入っている珪質頁岩をみつけることができる（図13右上）。これらの化石が核となって泥などを引き寄せて、硬い珪質頁岩になる場

図11 ●サヌカイト
奈良県二上山で採集された石核と剝片。たたけば金属音に似た音が響くほど、緻密で硬質な石材。黒くみえる部分が新鮮な割れ面で、灰色の部分は風化面。

合が多いようだが（こうして形成された原石を「ノジュール」（図13左下）という）、その詳細なメカニズムはまだ不明である。

こうして日本列島では、北海道南西端から青森県、秋田県、山形県、新潟県など東北地方の日本海側に、良質な珪質頁岩が南北に帯状となって形成された（図12）。ちなみに、その分布は、青森県小泊《こどまり》層、秋田県女川《おながわ》層、山形県草薙《くさなぎ》層といった、いわゆる油田層と重なる。石油は、堆積した生物遺体から徐々につくられ、凝灰岩などの石油貯留岩に貯えられる。珪質頁岩の岩盤はちょうど石油層に覆いかぶさる蓋のような役割を果たす。このため珪質頁岩の分布は油田層と重なるのだ。

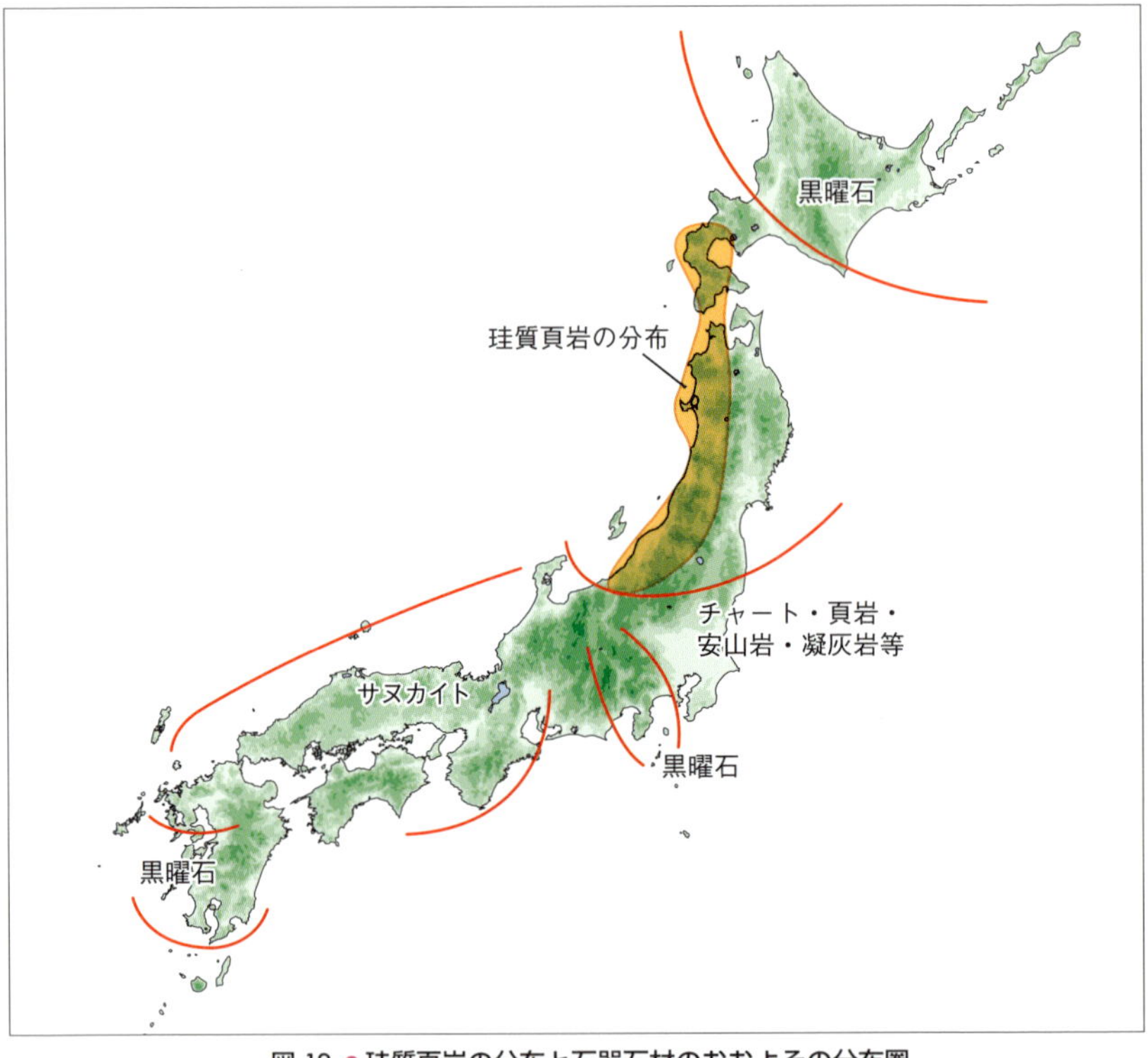

図 12 ● 珪質頁岩の分布と石器石材のおおよその分布圏
日本列島は狭いにもかかわらず、世界的にみても多様な石器石材が産出する。図はあくまでも主要石材の概略的な分布範囲を示す。

珪質頁岩の断面。縞模様は堆積の層を示す。色調の異なる、外側をくるむ皮の部分は風化した部分である。

珪質頁岩の核。原石の中心に生物の細長い巣穴化石（生痕化石）がみられる（矢印の箇所）。

鵜の崎海岸。海面から海坊主のように頭を出しているのが珪質頁岩のノジュール。巨大なノジュールの中心には、何かしらの生痕化石が眠っているのだろうか。

鵜の崎海岸の沢。大きくて良質の珪質頁岩が時折みつかる。

図 13 ●秋田県の珪質頁岩の産状

2 北の産地を求めて

秦昭繁の研究

ここで、山形県を中心として地道に珪質頁岩の調査をつづけている秦昭繁の研究を紹介しよう。秦は、これまでに東北地方で河川流域や丘陵の四〇〇地点以上を調査し、そのうち一一〇カ所をこえる地点で珪質頁岩を確認している。その分布は、北は北海道の渡島《としま》半島から南は新潟県の魚野《うおの》丘陵にわたるという。

秦によれば、珪質頁岩は広く分布するものの、石器の材料に適した良質なものとなれば、その分布は限られてくるという。そして、原産地遺跡は良質で大きな珪質頁岩が得られる地域にまとまりをみせている。

なかでも、山形県の最上川《もがみがわ》流域は良質な珪質頁岩産地としてかねてから知られていた。東北地方の珪質頁岩といえば、考古学研究者の間では、第一に最上川流域が想起されるほどである。この地域では、旧石器時代から縄文時代にかけての大規模な原産地遺跡がいくつかみつかっている。なお、これらの遺跡から出土した石器を丹念に分析すると、遺跡の眼下にある河原で拾える原石を使用していたようである。

産地を推定する

黒曜石やサヌカイトなどの火山岩の場合は、石材の原産地推定分析が進んでいる。岩石の元となるマグマは噴出した火山ごとに、元素の組成比率が異なる。そこに着目して、励起《れいき》X線を石器に照射することにより、各元素から出る蛍光X線をとらえて構成元素を分析し、産地を推定するのである。

残念ながら、堆積岩である珪質頁岩では、この蛍光X線分析は利用できない。また、珪質頁岩は非常に風化を受けやすく、石器も長い年月土中に埋没している間に表面の質や色調が変化する。このため河川で採取した原石を割った新鮮な中身と、遺跡から出土した何千年も前に割られた石器の表面とはまったく異なり、どこが原産地かを見た目で判断するのには限界がある。

そこで秦は、風化層が時間とともに変化しても、その内部にある石英は風化による影響を受けず安定していることに着目する。石材を薄く切った試料（薄片試料）を偏光顕微鏡という特殊な顕微鏡で観察し、内部に含まれる石英の質や量について検討した。その結果、もっとも石英が発達していないAタイプから発達しているDタイプまでを認めることができたという。分析した珪質頁岩のほとんどが中間のBタイプだったが、美しい光沢をもったC・Dタイプがわずかながらみられ、それらの産地が山形県白鷹町《しらたかまち》と最上峡の河川に限定されることがわかってきたのである。

光り輝く上岩川産

しかしである。今回みつかった上岩川産は、そのなかでもとくに良質なのである。日本海側に広く産出する珪質頁岩も、産地が異なれば顔つきもちがってくる。上岩川産は、山形県内でも産地が特定されつつあるC・Dタイプ同様、あたかも琥珀《こはく》や玉髄《ぎょくずい》のような美しい輝きをもった原石が特徴だ。このような玉髄質の珪質頁岩ができたのは、生成過程で熱や圧力の影響を受けた結果、岩石内部に含まれる粘土鉱物の石英化が進んだからだと考えられている。

また、そこまでの輝きはもたなくても、珪化作用が進んだ質の良い原石が上岩川地区では豊富にみられる。このような原石から打ち割った石片の表面は、不純物が少なくツルツルしている。また、ある程度の硬さと粘性をあわせもっており、それゆえに、均質に力が伝わって、外部からの力に対する耐性もあるということである。こうした性質は石器をつくるときにも、道具として使うときにも威力を発揮する。ただ硬ければよいというわけではないのだ。

この点、上岩川産に特徴的にみられる玉髄質のものは、美しいが、石器をつくるにはあまりに硬すぎるという難点があるといえる。しかし、上岩川の縄文人は、その輝きに魅せられたのか、それらを積極的に使っているのである。

3　上岩川発見への道

上岩川遺跡群は、珪質頁岩原石の採掘遺跡としてわが国ではじめて報告された遺跡である。しかし、これまでにそのような可能性のある遺跡は秋田県内で発見されなかったのであろうか。じつは二カ所あるのだ。秋田県南部、雄物川《おものがわ》中上流域にある羽後町《うごまち》の七高山《しちこうさん》修験遺跡と、大仙《だいせん》市・美郷町《みさとちょう》にまたがる払田柵跡《ほったのさくあと》である（図4参照）。

山岳修験の実態解明のはずが

七高山修験遺跡は、周辺に中世以降の遺跡や伝承が数多く残された、秋田県羽後町にある遺跡である。二キロ東には雄物川が悠々と流れている。一九九〇年、羽後町教育委員会の鈴木俊夫が、修験活動の実態を明らかにすることを目的として学術調査した（図14）。

標高三〇三メートルにある頂上の七高山神社までは、麓から歩いて山あり谷ありで一時間はかかろうか。神出鬼没の熊に気をつけながら林をぬけると、ようやく社にたどり着く。途中の沢には、質の良くない珪質頁岩が清らかな水に洗われているのをみかける。

七高山中腹にある標高二〇〇メートルの尾根鞍《あん》部《ぶ》に三カ所のトレンチが設定された。ここはテラス状の平坦地や珪質頁岩の巨石の露頭《ろとう》が認められ、もしかすると修験の業場として利用された可能性があると判断されたからだ。

図 14 ● 七高山修験遺跡の遠景
図中の矢印地点から、珪質頁岩の採掘跡と推測される窪地が発見された。

残念ながら発掘調査では、肝心の山岳修験に関する遺構はみつからなかった。しかし、かわりに縄文土器や弥生土器、そして多量の石器と珪質頁岩の原石が出土したのである（図15）。学術調査のためトレンチ調査のみではあったが、調査担当者がこの遺跡の重要性を認識するには十分だった。

鈴木は発掘調査報告書で、「母岩《ぼがん》が発見されたテラスは擂鉢《すりばち》状になっており、母岩を得るために掘削を行った可能性も否定できない」と、珪質頁岩の採掘坑の可能性を指摘したのである。

古代の城柵の下に

払田柵跡は、平安時代（年輪年代測定では西暦八〇一年ごろ）に、律令政権が対蝦夷《えみし》政策として創建した軍事兼行政機関の遺跡である。雄物川とその支流により形成された広大な沖積平野で、県内随一の稲作地帯である仙北《せんぼく》平野に、小さな島が浮かぶようなその独立丘陵は、珪質頁岩を岩盤と

図15 ● 七高山修験遺跡
珪質頁岩の大きな原石が、山の斜面にへばりつくように顔を出している。

している（図16）。

政庁《せいちょう》の正面玄関にあたる外郭《がいかく》南門の両脇には珪質頁岩の巨石を積み上げた石塁《せきるい》が、現在も威容を誇っている（図17）。

これらの石はどこから持ち込まれたのだろうか。秋田県教育庁払田柵跡調査事務所の調査によれば、政庁がのる丘陵の基盤層をなす珪質頁岩の巨礫を掘り起こしたものだろうという。まさしく在地も在地、足下の石材利用である。原石の掘り起こされた跡は、窪地となっていて現在もみることができる。

図16 ● **払田柵跡**
中央のこんもりとした独立丘陵が柵跡。珪質頁岩の岩盤の上にのっている。
奥には、平安時代に出羽と陸奥の境をなした奥羽山脈が南北に走る。

一九九九年、払田柵跡調査事務所の高橋学は、中央に政庁のある長森丘陵の西側に調査区を設定して調査をおこなった。平安時代に役人が日常執務をおこなったと推定される官衙《かんが》域の実態を解明する目的の学術調査だ。

予想どおり、古代の掘立柱《ほったてばしら》建物《たてもの》跡や竪穴《たてあな》住居がみつかったが、思いのほか多くの石器や縄文土器が出土した。そして何よりも調査者を驚かせたのは、巨大な珪質頁岩の岩塊群である（図18）。珪質頁岩原石を掘り起こした結果できた、直径四メートルはある大きな穴を確認することができた。

これら珪質頁岩の巨石のなかには、あたかも中身の質を確かめるために試し割りをしたかのような剥離痕をとどめるものもあった。窪地の周辺には古代の遺物・遺構は少なく、縄文時代前期の土器片や石器類が圧倒していた。

高橋は以上の状況から、縄文時代前期の石材採掘坑の可能性を考えた。しかし、調査の目的はあ

図 17 ● 払田柵跡外郭南門の石塁
中央の柱が建っているところが門の跡。その両側に珪質頁岩で築かれた石塁が広がっている。平安時代の大地震で崩れた痕跡も確認できた。

くまで古代城柵の実態解明にあったため、詳細な分析はされていない。

蓄積あってこその新発見

このように、上岩川遺跡群が発見される前にも、珪質頁岩原石の採掘坑である可能性をもった遺跡がいくつかみつかっていた。惜しむらくは、これら短期間の学術調査は、縄文時代に関しては目的から外れていたため、それ以上の追究がされなかったことである。

しかし、このような調査の蓄積があってこそ、上岩川遺跡群でみつかったいびつな穴を原石採掘坑として認識することができたのである。

では次章で、いよいよ上岩川遺跡群を構成する六遺跡について、北から順にそれぞれの内容をみていこう。調査の主担当者は、かつて縄文時代草創期の石器製作跡である岩瀬《いわせ》遺跡を発掘した経験のある秋田県埋蔵文化財センターの利部《かがぶ》修《おさむ》である。

図18 ● 払田柵跡の巨大な珪質頁岩の岩塊群
明確に掘り込んだ跡は確認できなかったものの、岩塊の空白部分が確認され、縄文時代前期の抜きとり、もしくは採掘活動が示唆された。

第3章　これは原石採掘坑だ！

1　採掘の場、製作の場

鹿渡渉Ⅱ遺跡（図19）

遺跡群中もっとも北側に位置するのは鹿渡渉《かどわたり》Ⅱ遺跡（図5・8参照、以下各遺跡同）。小又川側にむかってゆるやかに傾斜する斜面地にあり、遺跡の中央部を南東から北西へ林道が通り、調査区を北側のA区と南側のB区に二分している。

ここでは一七三〇平方メートルを発掘調査し、三万七四三六点の石器類、つまり石器と石クズ（残滓《ざんし》）が出土した。一平方メートルあたりの出土点数は二一・六点になる。秋田県内の縄文集落で同じくらいの面積を発掘した場合、出土する石器類の点数はだいたい二〇〇〇～五〇〇〇点であることからすると、鹿渡渉Ⅱ遺跡でいかにたくさん出土したかがわかるだろう。

そのほとんどは、石器をつくったときに出てくる石クズである（石核《せきかく》四五八点、剝片《はくへん》三万六七四九点、図20上）。石クズには、原石から打ち剝がされたカケラである剝片と、その剝片を割りとった残りの芯の部分にあたる石核がある（それぞれはさらに加工すれば道具になる、図20下）。石クズが大多数を占めるのは、どこの遺跡でも一般的な傾向だ。

一方、製品（道具）類は石鏃《せきぞく》二点、石箆《いしべら》二点、スクレイパー二点などわずかしかない。このほかに手つかずの原石が二二三点も出土した。

さて、これら四万点近い石器・石クズは、調査区内からまんべんなく出土したのだろうか。発掘調査は、石器の出土位置を記録しながら進める。すると、石器の分布密度には濃淡のあることがわかった。言い換えれば、石器がとくに際立って集中する範囲がみつかったのである。

最終的に鹿渡渉Ⅱ遺跡では一三カ所、石クズなどの石器類が集中的に分布する範囲を確認できた。これを「石器集中部」（図21）とよぼう。こうした石クズがまとまる場所は、石

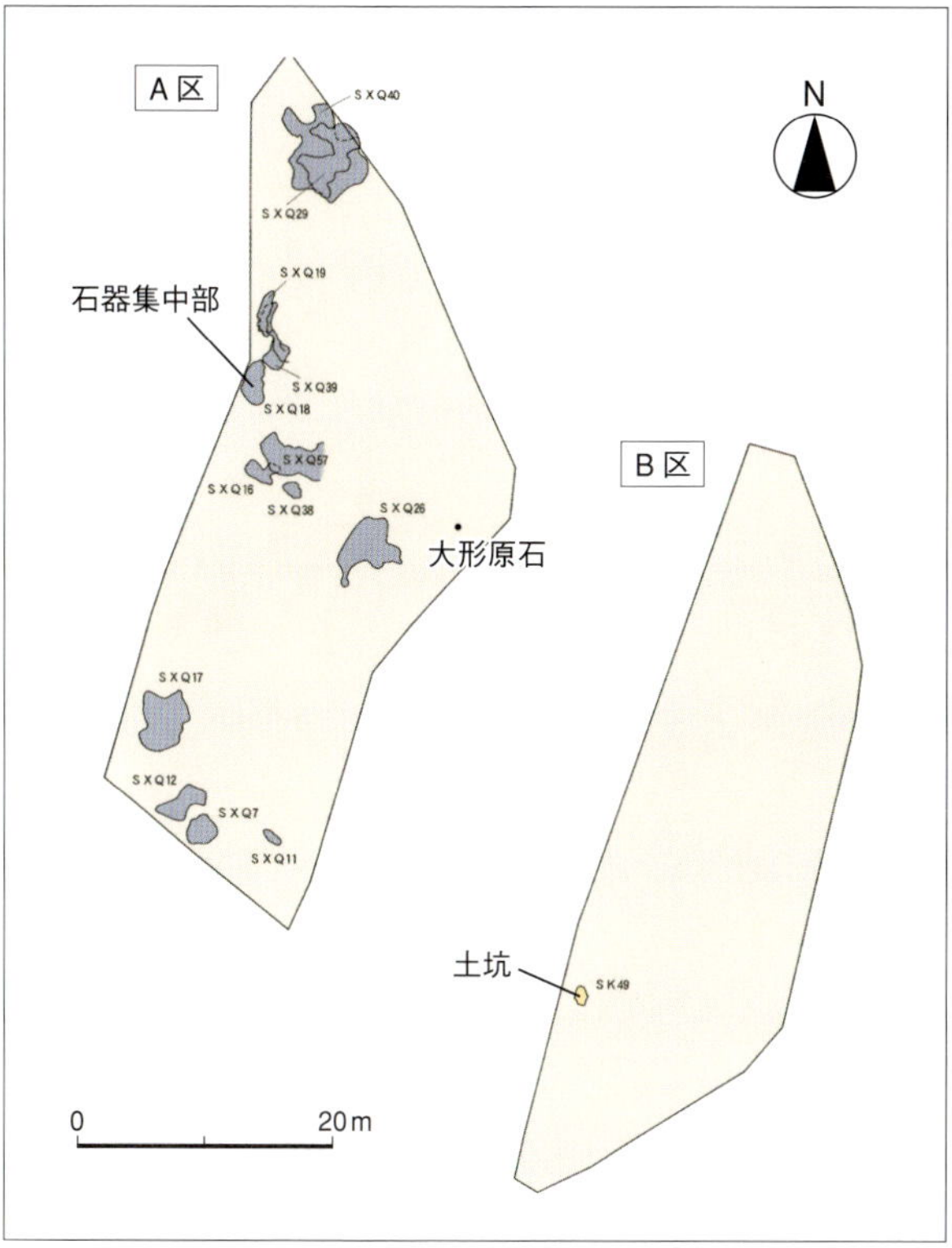

図19 ● 鹿渡渉Ⅱ遺跡
石器をつくったときに出てくる石クズなどが密集している「石器集中部」が13カ所あった。

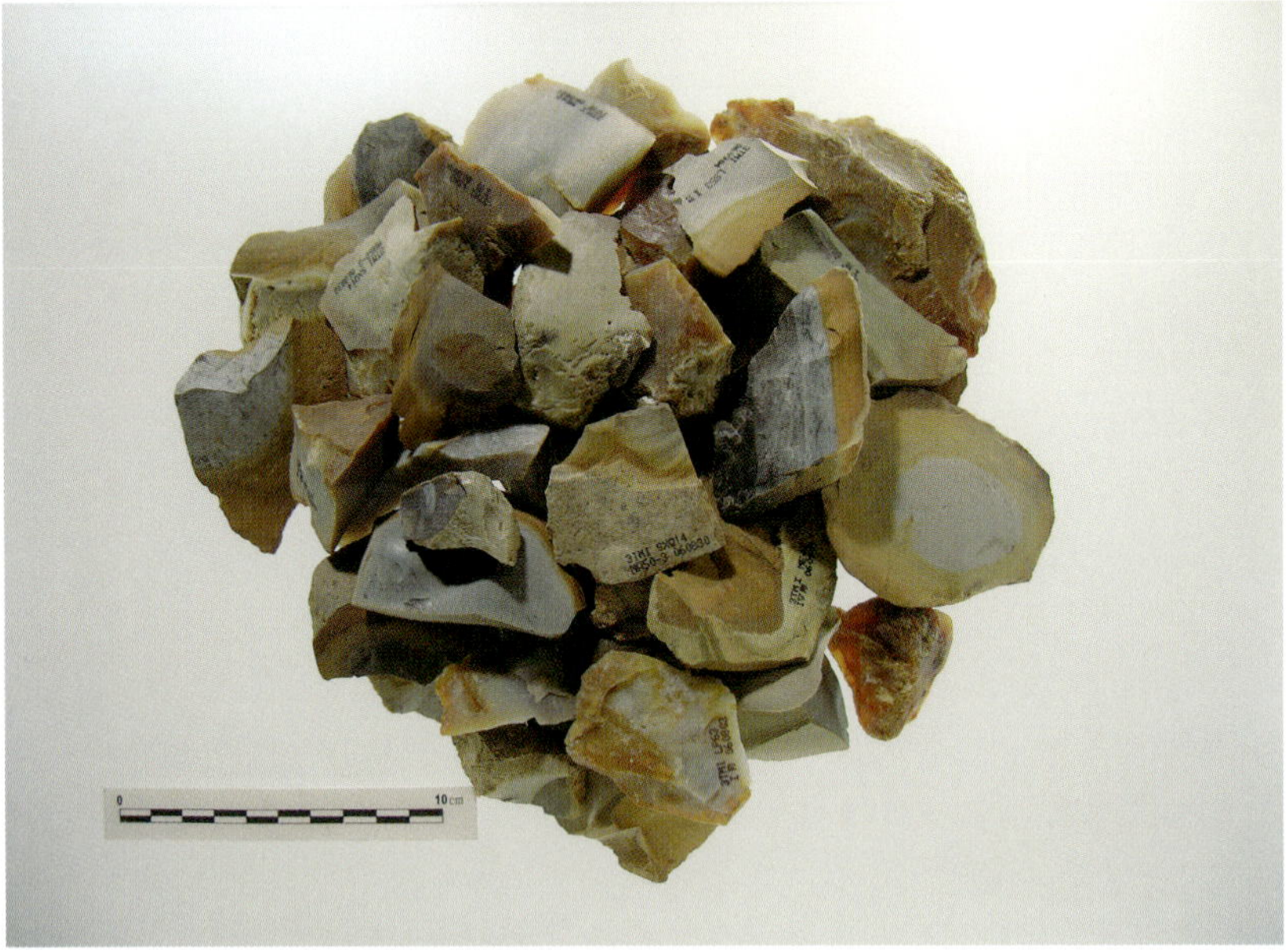

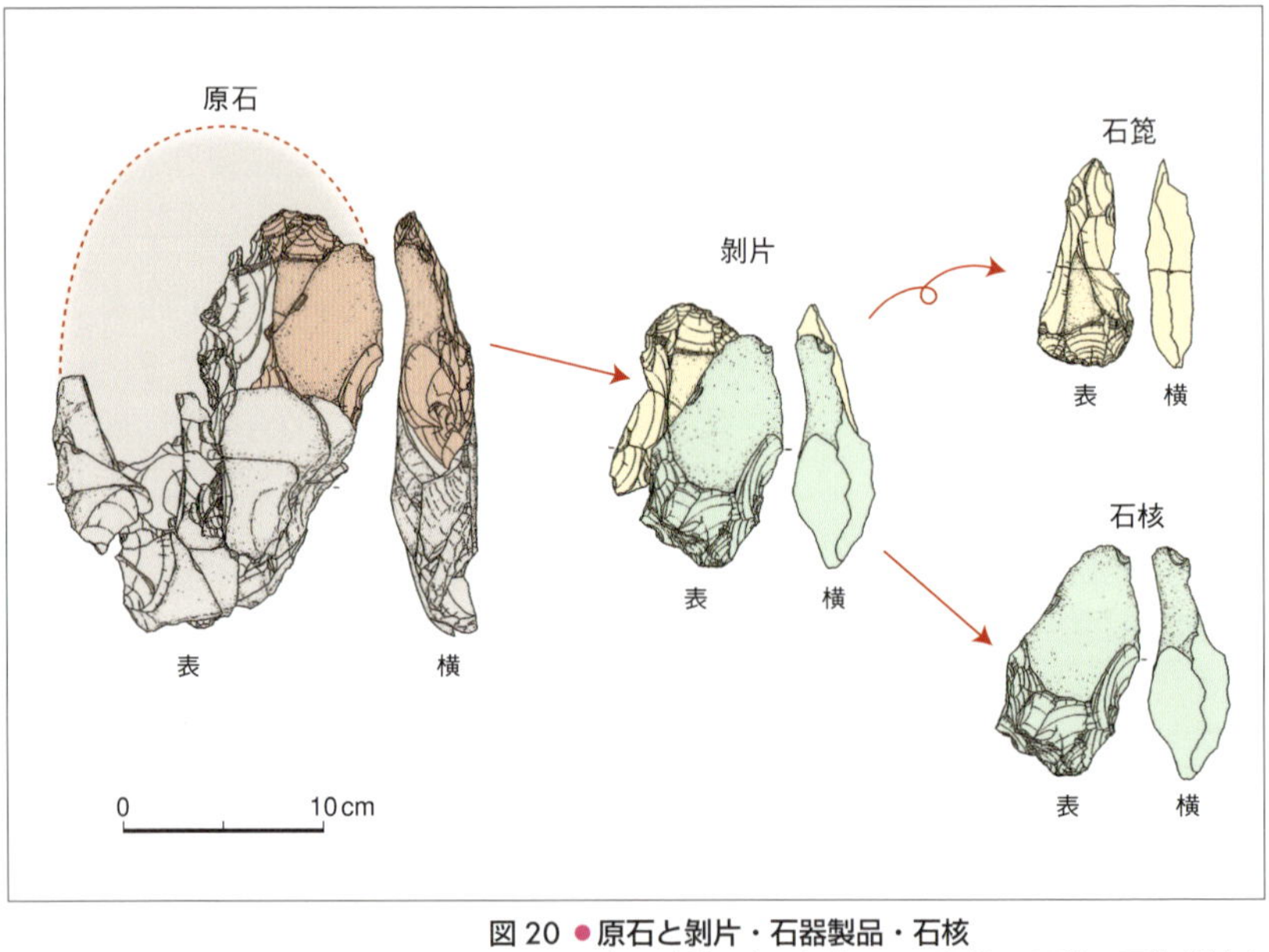

図 20 ● **原石と剥片・石器製品・石核**
上は珪質頁岩の剥片。下は剥片・石箆・石核が接合した状態を示す図。扁平な石を素材として（左）、石箆（右上）がつくり出されている。

器を頻繁につくった石器製作の場であったことを示している。ここではほかに、用途不明の穴（土坑《どこう》）が一基みつかっている。

樋向Ⅰ遺跡（図22）

樋向《とよむかい》Ⅰ遺跡の調査区は、長さ約一七〇メートル×幅約二〇メートルの細長い範囲で、傾斜面と平坦面からなる。三三〇〇平方メートルの調査面積から五万五七一点の石器類が出土した。石器密度は一平方メートルあたり一五・三点である。

その内訳は、製品類が石槍《いしやり》三点、両面加工石器二点、石鏃四点、石匙《いしさじ》一点、スクレイパー二〇点、石斧《せきふ》一点など、鹿渡渉Ⅱ遺跡にくらべて種類が多い。残滓類は石核が一五一〇点、剝片が四万八五三一点あり、ほかに原石が四七五点も出土した。これは本遺跡群中、もっとも多い原石量だ。ふつうの集落遺跡では、手つかずの

図21 ● **石器集中部**（樋向Ⅲ遺跡）
赤い串をさした地点が石器類の出土した地点。ほとんどが石器製作のときに生じた細かな剝片。足の踏み場もないほどに密集して出土した状態がわかる。

原石が出土するのは稀である。

石器集中部は一三カ所あった。そして、これらの石器集中部が分布する場所から南へ二五メートル離れた地点に、直径一〇メートルはあろうか、いびつな形の黒いシミがみつかった。

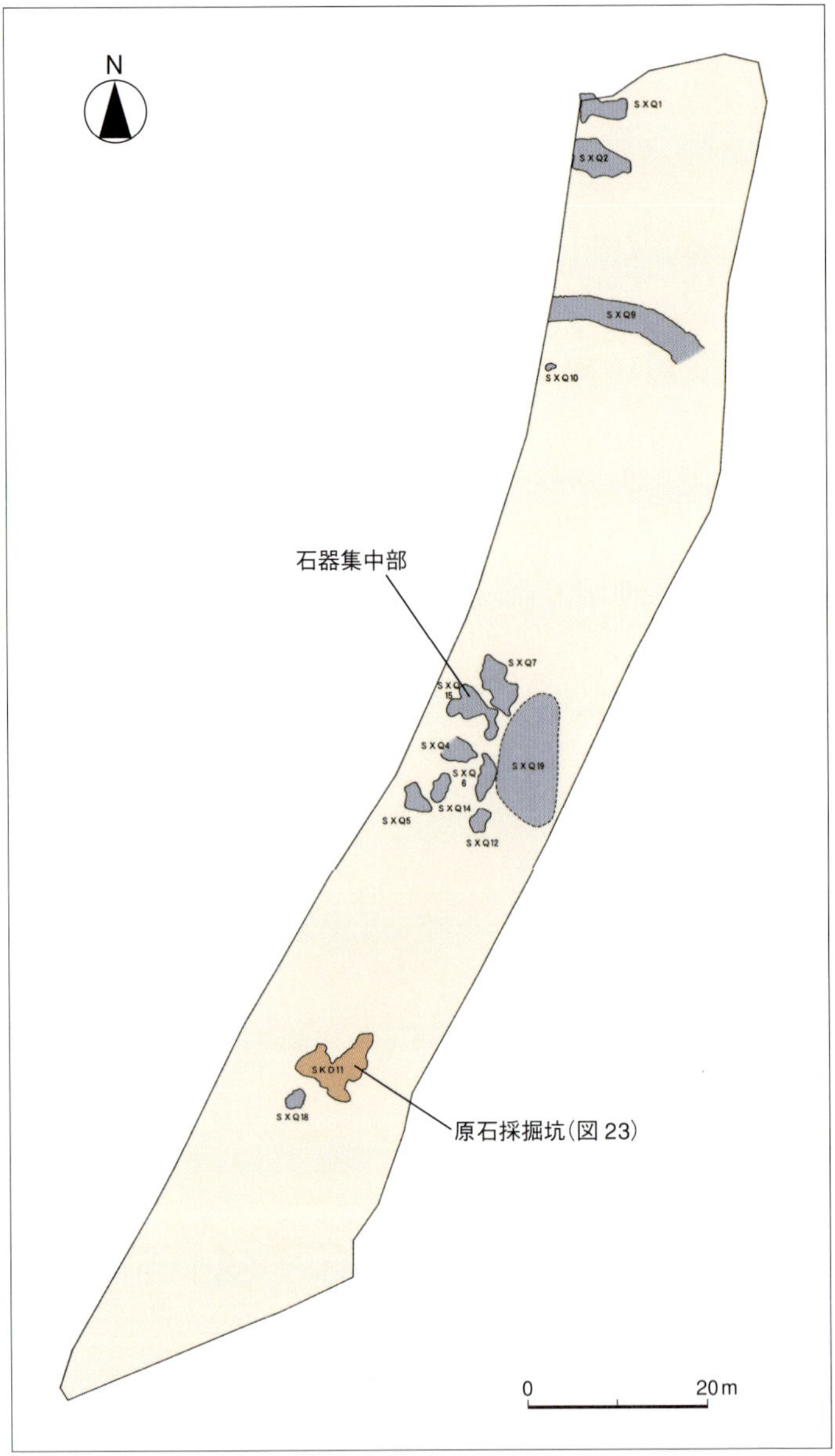

図 22 ● 樋向 I 遺跡
調査区からまんべんなく遺構がみつかるのではなく、空間的にまとまりをもっているのがわかる。ここでは原石採掘坑と石器集中部が明確に分かれている状況がみてとれる。

図 23 ● **みつかった原石採掘坑**

上：直径 10m ほどの巨大な穴。形は整っておらず、いくつかの穴がつながったような感じである（図 37 参照）。下：採掘坑中央の底からみつかった良質な原石のまとまり。縄文人が意図的にまとめ置いたものと考えられる。

こうした黒いシミは、人がかつて掘った穴もしくは自然の窪みにたまった土であることが多い。黒い土を慎重にとり除きながら掘り進めると、多くの穴が重なりあいながらみつかった（図23上）。

これは明らかに人間が掘り込んだ穴だ。しかし、何のために？

その穴の発掘を進めていくと、ついに底から原石がまとめて置かれた状態でみつかった（図23下）。そして、穴は原石を多く含む地層に到達していた。

「これは原石採掘坑だ！」

ここでは、石器を頻繁につくるだけではなく、その原料となる原石の採掘もおこなっていたことがわかったのである。先史時代における珪質頁岩の明確な採掘址は国内でいままで報告されたことはなかった。

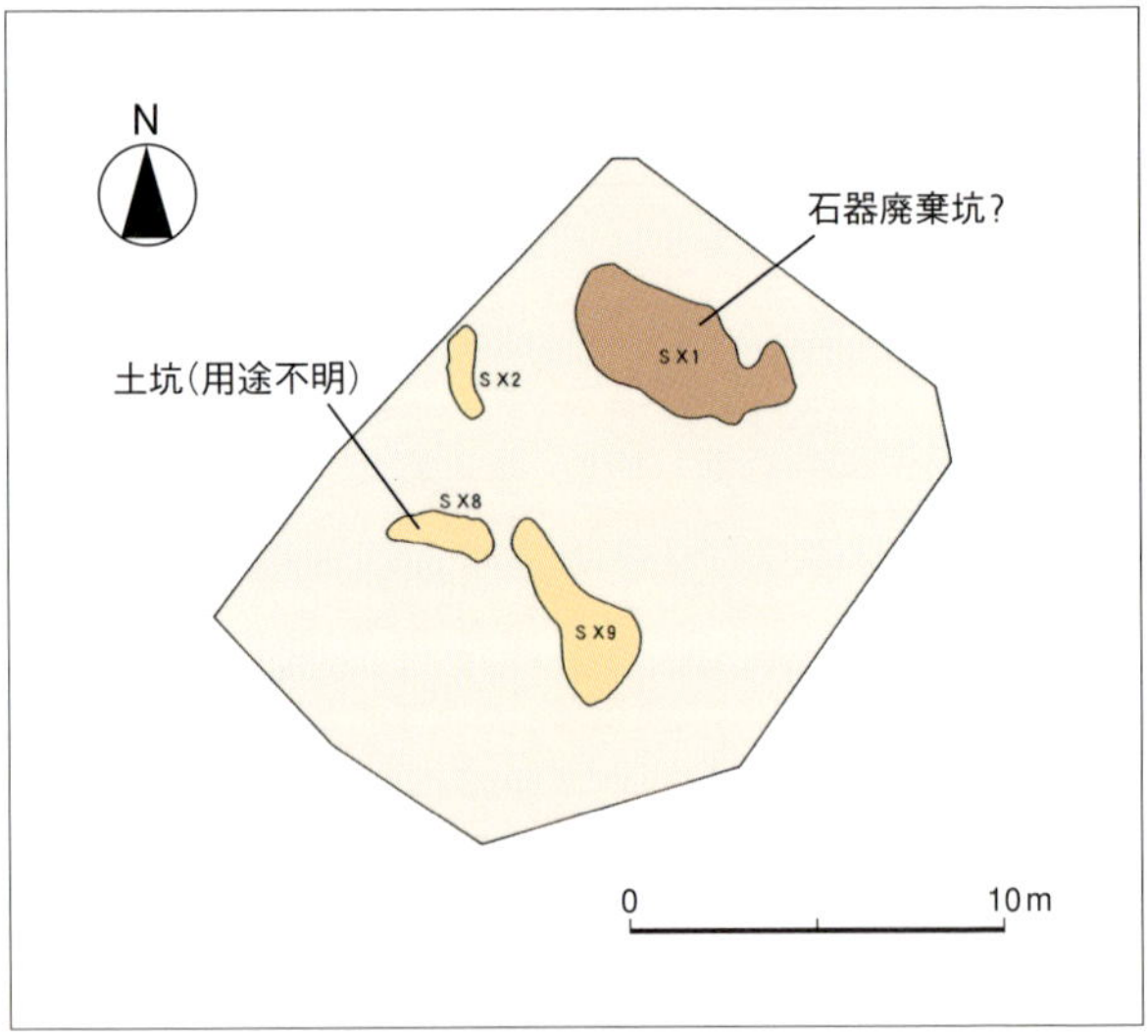

図24 ● 樋向Ⅱ遺跡
ここでは石器製作の際に生じた石クズを一括廃棄したような浅い穴がみつかった。調査区外のすぐそばで石器製作がおこなわれていたのだろう。

樋向Ⅱ遺跡（図24）

樋向Ⅱ遺跡は、南北を沢にはさまれた、南東側にむかって傾斜している舌状台地の突端にある。遺跡群中、調査面積はもっとも小さく二九〇平方メートルであるが、出土した石器類の点数は七二六八点で、石器密度は一平方メートルあたり二五点となり、鹿渡渉Ⅱ遺跡を上まわる。内訳は、製品類が石槍一点、スクレイパー二点、石錐《せきすい》一点、敲石《たたきいし》（安山岩製）一点など貧弱で、残滓は石核一三一点、剥片七一〇三点、原石は二八点と多い。

ここでは原石採掘坑は発見できず、かわりに浅い土坑が四基みつかった。このうち長さ二・四メートル×幅八五センチ×深さ五〇センチの土坑からは二六五四点もの石器類がまとまって出土した。このうち、約一五〇〇点は二センチ以下の砕片であり、調査者は、石器製作の際に出た石クズを廃棄した穴と考えた。

樋向Ⅲ遺跡（図25）

遺跡群のちょうど中央部に位置するのが樋向Ⅲ遺跡である。遺跡の西側からのびる丘陵から切り離された、南北に細長い繭《まゆ》形の独立丘状の地形にある。調査面積九五〇平方メートルから三万四九五七点の石器が出土し、分布密度は一平方メートルあたり三六・八点と、遺跡群中もっとも高い。

内訳は、製品類が石槍一四点、両面加工石器五点、

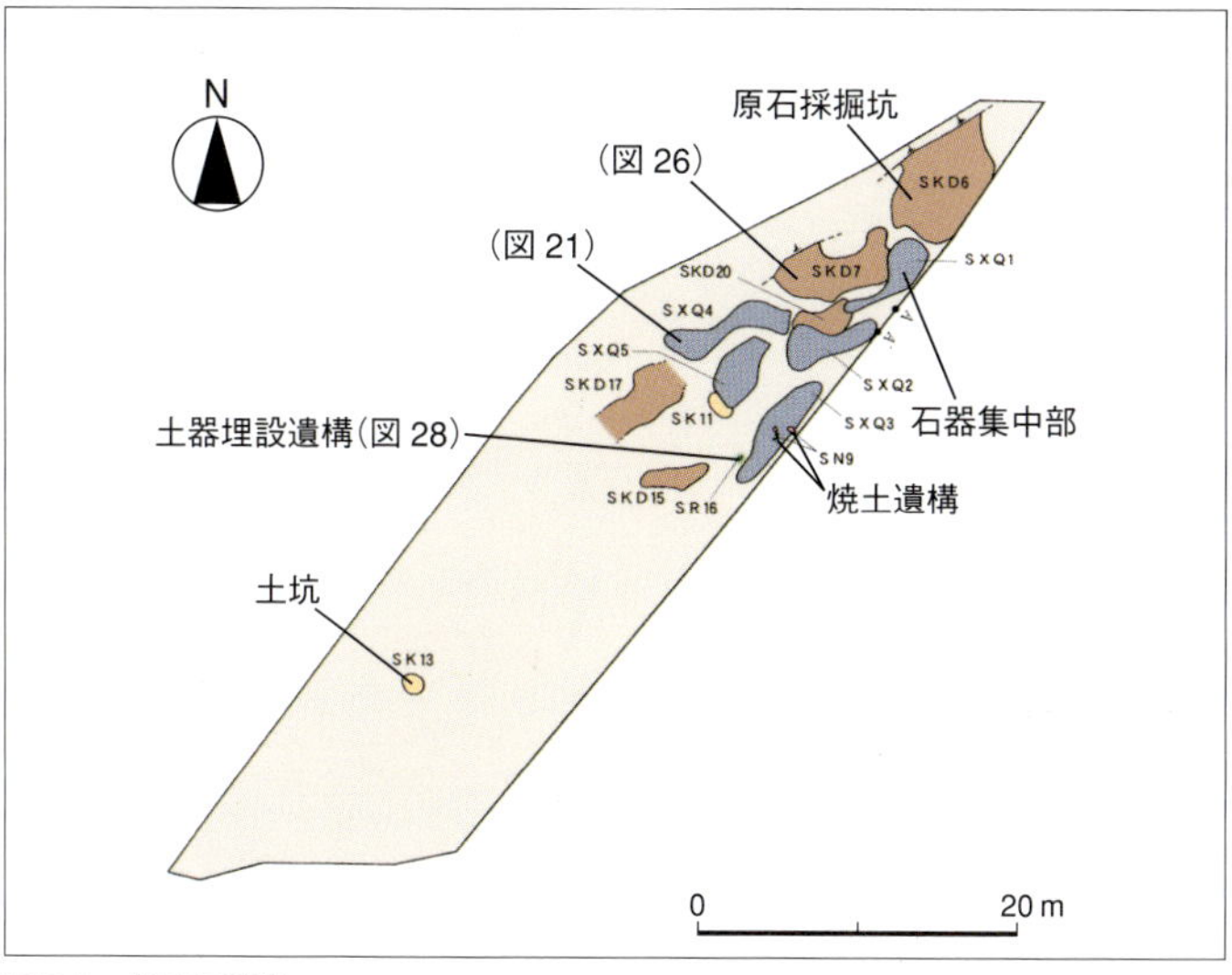

図25 ● **樋向Ⅲ遺跡**
調査区南西側は現代の削平により、遺構・遺物が希薄であった。原石採掘坑や石器集中部に隣接して、煮炊き用の土器が埋められた穴（土器埋設遺構）や焼けた土の痕跡（焼土遺構）がみつかった。

石篦五点、石鏃四点、石匙五点、スクレイパー二一点、石錐一点、二次加工のある剝片一一点、半円状扁平打製石器（安山岩製）一点と、これまた遺跡群中、種類や数量がもっとも豊富である。とくに石槍の多さは群を抜いている。残滓は石核六五五点、剝片三万四一三〇点で、原石は一〇五点出土した。

　調査区の南西側は現代になってからの掘削を受けており、遺構・遺物ともに希薄であるが、北東側を中心に石器集中部が五カ所、原石採掘坑が遺跡群中最多の五基発見された（図26）。採掘坑のそばには、珪質頁岩の巨礫が地面から顔をのぞかせている（図27）。

　また採掘坑に隣接して、縄文時代中期後半の深鉢《ふかばち》形の土器を地中に埋めた、土器埋設《まいせつ》遺構がみつかった（図28）。これは煮炊き用の炉に使われた可能性が考えられる。そのほかに縄文時代前期の土器片も数点みつかっている。石器製作跡と考えられる石器集中部は、採掘坑のそばで確認された（図21）。

図26 ● 溝の形をした原石採掘坑
底からは人の頭ほどの大きさがある質の良い原石がみつかった。
こうした原石を目当てに縄文人は穴を掘ったのだろう。

図 27 ●**顔をのぞかせている珪質頁岩の巨礫**
樋向Ⅲ遺跡では、奥にみえる採掘坑の脇に、巨大な原石が置かれるようにしてみつかった。かつて掘り出されたものだろうか。大人ひとりでは持ち上げるのがたいへんだ。

図 28 ●**土器埋設遺構と埋められていた土器**
周辺には焼けた土の広がりが認められたことから、おそらく炉として使われたのだろう。土器には黒っぽい煤が付いている。

大沢Ⅰ遺跡（図29）

大沢Ⅰ遺跡は南東方向に緩く傾斜した段丘縁辺《えんぺん》にあり、調査区東側半分は林道により大きく削りとられていた。調査面積一一七〇平方メートルから二八四〇点の石器類が出土した。一平方メートルあたり二・五点である。

内訳は、製品類は石鏃三点のみで、あとは石核八点、剥片二八二九点などの残滓で占められる。調査区全体の上層は、現代になってから著しく削られている。石器点数が少ないのはこのためであろう。

調査区西縁で石器集中部が四カ所みつかった。これら石器集中部の広がりは調査区外のさらに西へと伸びる可能性がある。緊急調査は工事にかかわる区域のみの発掘であるため、その外側は調査できない。これは裏を返せば、工事範囲の外は遺跡が壊されずに、まだ残っているということでもある。遺跡の中心は調査区外の西側に広がるのだろう。

ちなみに、林道をはさんで南西側の調査区（B区）では、中世のものと推測される炭焼窯が確認された。

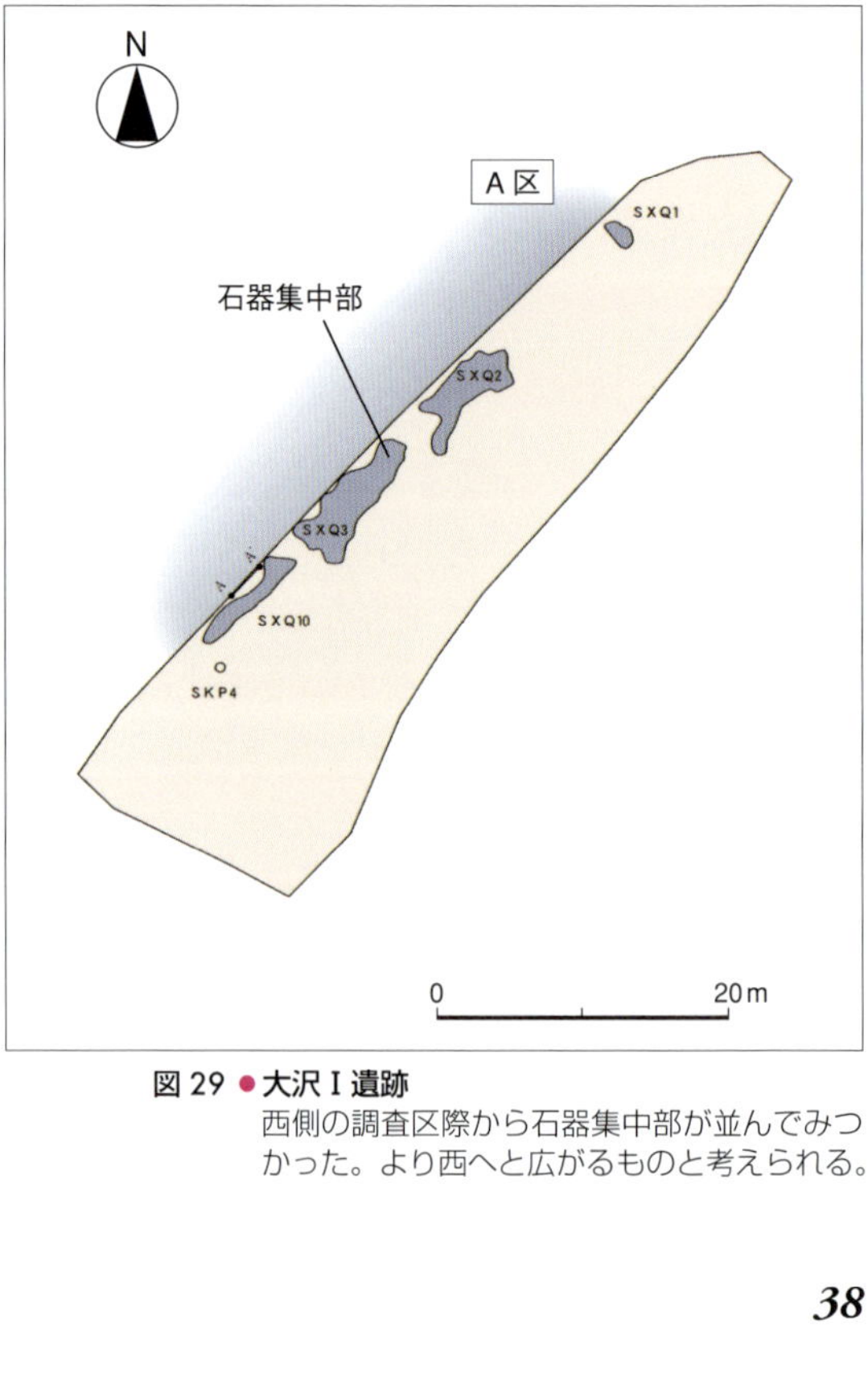

図29 ● 大沢Ⅰ遺跡
西側の調査区際から石器集中部が並んでみつかった。より西へと広がるものと考えられる。

大沢Ⅱ遺跡（図30）

遺跡群のなかでもっとも南側に位置するのが大沢Ⅱ遺跡である。調査区の北西端は西側の丘陵にむかって急斜面をなし、南東側は緩斜面となって水田に接しており、その間にあるわずかな平坦面、六〇〇平方メートルの調査面積から、九二七点の石器類が出土した。石器分布密度は遺跡群中もっとも低く、一平方メートルあたり一・五点である。

内訳では、製品類として石槍二点、両面加工石器一点、石鏃一点、スクレイパー三点、二次加工ある剝片一点、トランシェ様石器（台形をして、その底辺にあたる縁辺に鋭い刃をもつ）一点と多様である。残滓は、石核四五点、剝片八七一点で、原石は二点のみ出土している。

石器集中部は確認されなかったが、原石採掘坑が三基、縄文時代中期の土器埋設遺構一基、土坑三基のほか、火を焚いた跡が一カ所みつかった。樋向Ⅲ遺跡でも土器埋設遺構は採掘坑とセットになってみつかった。なんらかのつながりがあったのだろうか。

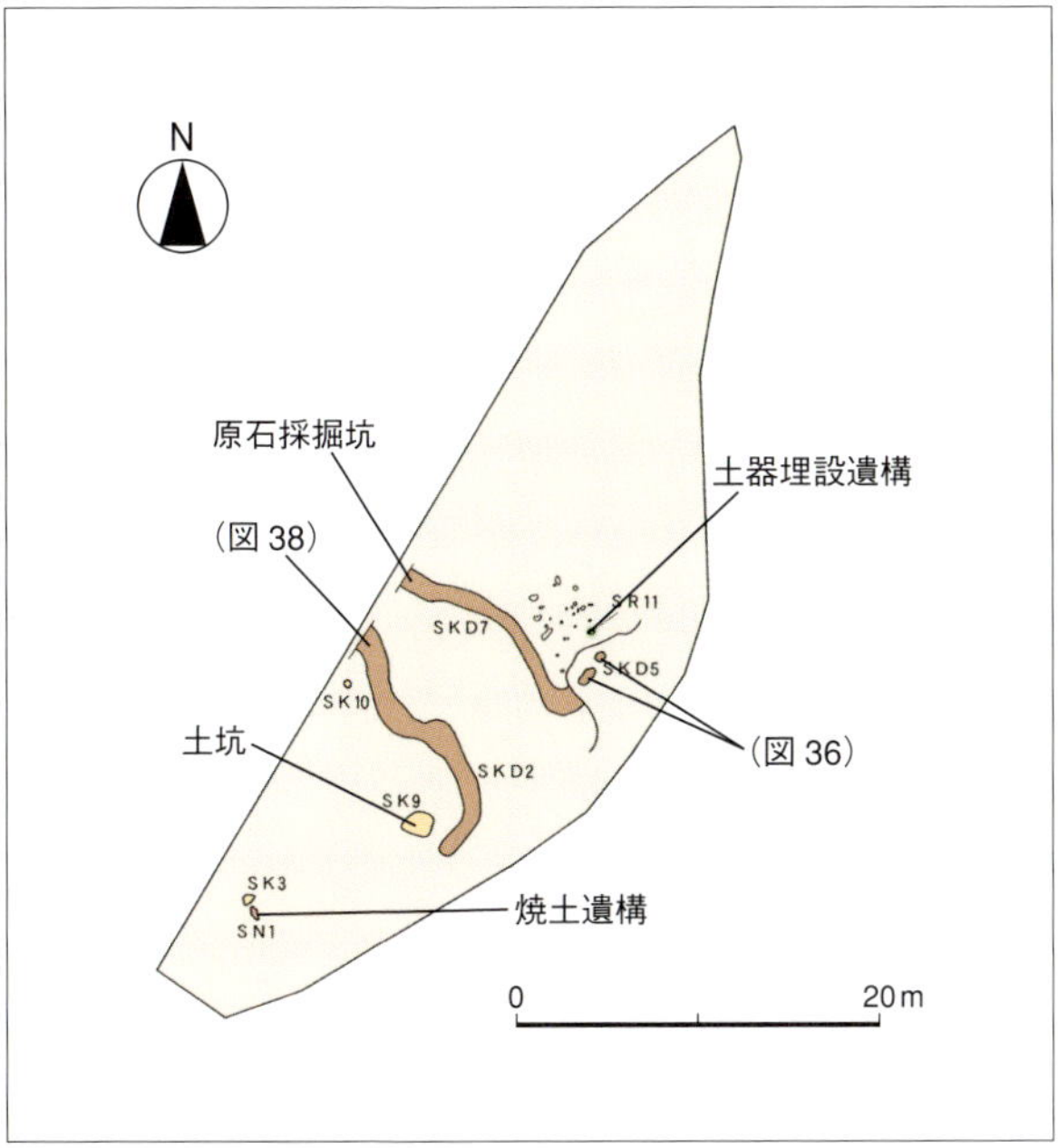

図30 ● 大沢Ⅱ遺跡
樋向Ⅲ遺跡と同様、原石採掘坑のそばで土器埋設遺構が発見された。採掘活動となんらかのつながりがあったのだろうか。

遺構のみつかった層位

大沢Ⅰ・Ⅱ遺跡のある段丘の崖断面を観察したところ、上から、Ⅰ層：表土、Ⅱ層：黄褐色粘質土層、Ⅲ層：灰白色粘質土層、Ⅳ層：破砕泥岩ブロック層（段丘礫層）、Ⅴ層：泥岩層（女川層）という層序が確認された。このうち遺構はⅡ層の上面でみつかった。

またⅣ層には多くの珪質頁岩の原礫が包含されており、採掘坑の底がその層まで到達していることから、採掘はⅣ層をねらっておこなわれていたことがわかった。これらの原礫は、おそらく遺跡の西側の出羽丘陵にある珪質頁岩の「女川層岩体」から、小又川の浸食により削りとられたもので、その他の河川堆積物と一緒になって段丘礫層を形成したのだろう。

2 出土した石器

石器の使い方を推定するのはむずかしい

つぎに、製品類の中身をみてみよう。石器はあくまで道具の一部であり、一般的に「刃《は》」などの機能部分を担っている。ほかに握りの部分に「柄《え》」などがつけられて一つの道具として完成する。柄の部分は木材などの有機物質が利用されるため、土中に埋もれているうちに腐ってなくなってしまう。

ゆえに現代の考古学者は、道具の一部分である石器のみから、道具を推定復元し、その機能について考えるわけだ。しかし、これがたいへんむずかしい作業なのである。石器の形態分析や顕微鏡による使用痕（刃こぼれ等の傷跡）分析、現代の狩猟採集民の道具との比較分析など、多種多様な方法で石器の機能について研究が進められている。意外に思われるかもしれないが、石器はつくり方よりも、使い方を推定することのほうがじつはむずかしい。

そうしたことをふまえ、上岩川遺跡群から出土したおもな石器（図31〜33）をみていこう。

出土した石器

石槍　遺跡群中もっとも出土量が多い製品は、石槍である。とくに長さ一〇〜二五センチの大形品が目立つ。

石器の使い方を推定するのはむずかしいと述べたが、旧石器時代の石器にくらべて、縄文時代の石器は、その形から使い方を推定し

図31 ● **上岩川遺跡群から出土した石器**
上段は石匙、中段は石鏃、下段は左から石箆（欠損品）、石鏃（未成品）、石槍（未成品）。

やすいのも確かである。

石槍は旧石器時代以来の狩猟具で、槍の穂先と考えられる。これに長い柄が装着するわけだ。ただし、現代の狩猟採集民の事例をみると、石槍のような形の石器には「ナイフ」として使われたものもあるらしい。

大形で薄く優美な石槍を製作するには高度な熟練の技術が必要だ。また、不純物が素材に混ざっていると、製作途中で予想外の破損事故につながる。上岩川遺跡群出土の石槍はほとんどが、そうした製作途中の破損品である（図32）。

投資される技術と労力、必要とされる原石サイズを考えると、製作のコストとリスクのもっとも高い石器の一つといえる。

図32 ● 製作途中に破損した石槍
石槍をつくるのはむずかしい。これらの資料は、石器づくりのエキスパートであった縄文人でも失敗があったことを物語っている。（左上：長さ13cm）

石鏃　矢尻《やじり》のことで、矢柄《やがら》に装着して弓につがえ、弓矢として使用される狩猟具である（図31中段）。小さい剝片を素材として製作する。遠くへ正確に飛ばすためには、石槍についてもいえることだが、左右対称で、断面がレンズ状になるように薄く仕上げる必要がある。そのために鹿角などを使って押し剝いでいく技術（押圧剝離《おうあつはくり》技術）が用いられる。図31の下段真ん中のものは、薄く仕上げることが断念された未成品である。

石匙　「つまみ」の付いた特徴的な形をしており、縄文時代の遺跡からよく出土する（図31上段）。つまみ部分に紐などを括りつけて持ち歩いた、いわば携帯用の万能ナイフと考えられる。

石箆　箆《へら》のような形をし、表面がなめらかになるようにていねいに仕上げた石器（図31下段左）。ノミとして、あるいは皮なめしに使われたと考えられている。

スクレイパー　石匙と同じような加工具で、木などを削るためのナイフやノコギリのような道具だろう。全体の形がきれいに整えられたものから、とりあえず刃を付けただけのものまで、いろいろな形がある（図46）。

石刃　縦に細長い剝片で、両側縁辺と稜線が平行する均整のとれた形をしている。後期旧石器時代の一つの指標であるが、近年、東北地方の縄文時代でもまとまって生産されて

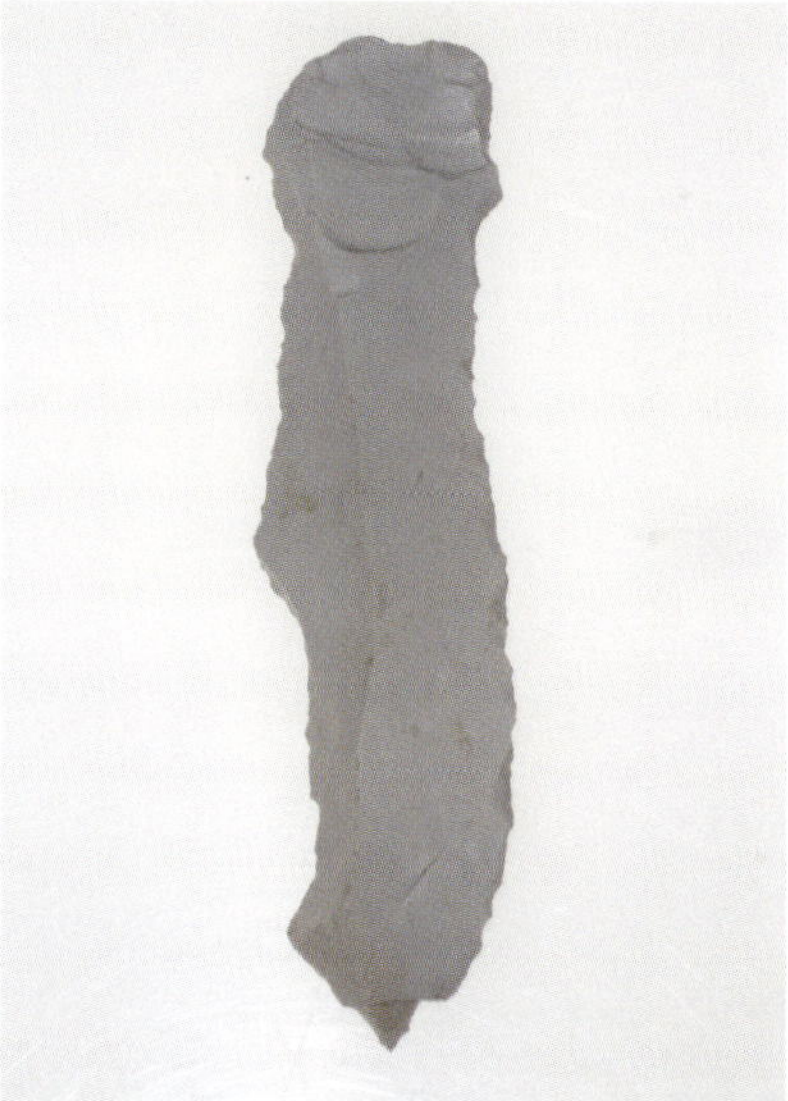

図33 ● そのまま使用された石刃
このような細長く形の整った石刃を硬い珪質頁岩から打ち剝ぐには、相当な技術が必要である。刃こぼれのような細かなキズがあることから、ナイフのように鋭い縁は、そのまま刃として使用したようだ。（長さ10.5㎝）

いることがわかってきた。図33は樋向Ⅲ遺跡の近くでわたしが採集した石刃だが、両側に刃こぼれの痕があることから、石刃のままでも使用されていたことがわかる。上岩川遺跡群では石刃生産に関連する資料もまとまって出土している。

以上が上岩川遺跡群で出土したおもな石器である。石槍は完成品がなく、すべて製作途上の未成品で占められるところが特徴的だ。その理由は後ほど考えてみよう。

3 石器で時期を推定する

時期を特徴づける石器

縄文時代の時期（草創期・早期・前期・中期・後期・晩期）を判定するには土器型式が用いられる。いわば、時間の物差しである。しかし、上岩川遺跡群では肝心の土器がほとんど出土しない。そこで、石器からある程度の時期を推定してみよう。たとえば、大沢Ⅱ遺跡出土のトランシェ様石器は早期、樋向Ⅲ遺跡出土の半円状扁平打製石器や石篦は前期、樋向Ⅰ遺跡出土の分銅形打製石斧は後期を中心にみられる石器である。また、石槍でも、長さが一五センチを超える大形品は草創期〜前期にあるが、本遺跡群でみられるようなサイズは、とくに前期の遺跡で出土する。なお、東北地方では縄文中期以降に石槍は影をひそめる。

図34は旧石器時代から縄文時代前期にかけての槍の穂先である。時代や時期によって素材やつくり方、サイズ、形態がまったくちがうのがわかるだろう。

上岩川遺跡群の時期

出土した石器をみると、上岩川遺跡群全体の時期は、縄文時代早期から後期まで認めることができることになる。この期間は、最長で見積もっておよそ六〇〇〇年間である。

はたして、そのような長きにわたって、連綿と採掘活動と石器製作がおこなわれつづけたのだろうか。

結論からいえば、遺構や遺物の内容と数量からして、そのようなことは考えられない。縄文人がこの地に一度でも訪れた、という可能性を示すにすぎない。一方、土器からみれば、前期と中期があり、とくに煮炊き用の土器埋設遺構は中期に限定されることから、中期の縄文人は、少しここに腰を落ち着けて活動したのかもしれない。

また、上岩川遺跡群を特徴づける石槍は、その大きさからいって、前期を中心に製作されたものだろう。

こうして、上岩川遺跡群での活動の中心は縄文時代の前期と中期にあったことがおぼろげながらみえてくるのである。

図 34 ● 後期旧石器時代から縄文時代にかけての石槍
右から、後期旧石器時代前半期、同後半期、縄文時代草創期、早期、前期。
出土地は右から、池内遺跡、岩瀬遺跡、心像小学校、小出Ⅳ遺跡、松木台Ⅲ遺跡。（左端：長さ 17.7cm）

第4章　鉱山作業を復元する

1　どのように採掘していたのか

ほんとうに原石採掘坑？

原石の採掘坑をみきわめるのは非常にむずかしい。というのも、竪穴住居やお墓、狩猟用の陥《おと》し穴、木の実を保存する貯蔵穴などとちがって、原石採掘坑の場合、掘った穴の形自体にはなんの意味もないからだ。形が整えられてなく、いびつなのだ。それもそのはずである、地中に埋まった原石を掘り出すことが目的なのだから。なにも穴の形をきれいに掘る必要はどこにもない。

このため、自然にできた穴と区別するのが容易ではない。また、縄文人が掘ったものとしても、別の意図で掘られた穴かもしれない。遺物がなにも出土しなかった場合は、時代すら特定できない。

前章で、上岩川遺跡群では、樋向Ⅰ・樋向Ⅲ・大沢Ⅱ遺跡で原石採掘坑が発見されたと述べた。なぜ、これらが原石採掘坑と断定できたかというと、第一に、すべての穴が珪質頁岩を含む硬い段丘礫層（第Ⅳ層）まで掘り抜かれていたこと、第二に、土坑の底やその近くに原石を集積した場所があったこと、第三に、土坑周辺には掘りあげた原石を使って集中的に石器を製作した場所、つまり「石器集中部」がいくつもみつかったことによる。

石器集中部が石器製作の場であることは、そこから出土した剝片や石核を三次元パズルの要領でくっつけていき、元の原石に近い状態まで復元できるケースが数多くあることからわかる（図35）。

このように発掘調査から得られた事実を総合すれば、形の整っていないこれらの穴は原石を狙って掘った採掘坑であると

図35 ● 鹿渡渉Ⅱ遺跡の接合資料
剝片を三次元パズルの要領でくっつけていくと、徐々に原石に近い状態にまで復元されていく。剝片の一つひとつには白いシールを貼ってある。

判断できる。そして、これら一見すると無秩序に掘られたような土坑も、いくつかの形態に整理して理解することができる。

三つのタイプ

上岩川遺跡群全体で合計九基の原石採掘坑がみつかったが、どうやらそれらは、形態から三つのタイプに分けることができそうだ。それは土坑型・連結土坑型・溝型の三タイプである。

土坑型（図36）　不整形な穴で、採掘の基本的な単位となるものである。樋向Ⅲ遺跡で三基、大沢Ⅱ遺跡で一基、合計四基を確認した。

連結土坑型（図37）　土坑がいくつも連なったような形のもので、土坑型の発展形と考えられる。樋向Ⅰ遺跡で一基のみ確認した。

溝型（図38）　幅一～二メートルほどの溝状の採掘坑である。樋向Ⅲ遺跡と大沢Ⅱ遺跡でともに二基、合計四基を確認した。

図36 ● 土坑型の原石採掘坑
作業員の右足そばとその前方の2カ所ある。
1～2人程度で掘ったと考えられる。

なぜ、その形なのか

縄文人は穴の形を意識して掘ったわけではないと前に述べたが、それでは、このような三つの形はどうしてできあがったのだろうか。

もっとも単純な形である土坑型は理解しやすいだろう。これは、地表下一メートルにある原石を採掘する作業の一単位と考えられる。直径は二〜四メートルほどと小さく、採掘範囲を拡張していないものである。おそらく一〜二人で掘った穴であろう。

土坑型が連なった状態になるのが連結土坑型である。特定の範囲を集中的にくり返し採掘した結果、図37のような直径一〇メートルほどの大きな窪みができ上がったと考えられる。細かくみると、七基の土坑が重なっていることがわかる。

土坑内に堆積した土の観察からは、図37で、⑥・⑦の土坑のみが自然堆積で、その他の土坑①〜⑤はまわりを掘り返した土によって埋め戻され

図37 ●連結土坑型の原石採掘坑
底面の高さは、①→②→⑥、③→④→⑤→⑦の順に低くなっている。したがって、写真の左右両端にある①と③から掘り進めて、⑥・⑦に到達したと想定できる。

ている、つまり人為的堆積であることがわかった。

このことはなにを意味するのだろうか。土坑①〜⑤はその後につづく採掘活動で生じた土により埋まってしまい、土坑⑥・⑦は自然に土が流れ込んで埋まったのであって、ここに、土坑①〜⑤と土坑⑥・⑦に時間差を見出すことができる。つまり、土坑①〜⑤を最初に掘削した後、⑥・⑦を掘り、そのとき、①〜⑤は埋め戻されてしまったと考えられる。覆土の観察以外にも、土坑⑥・⑦は中央部に大きく位置すること、それらの底から原石の集積が確認されたことなども、もっとも新しい土坑であることの傍証となる。

溝型は、蛇行した沢のような形をしており、自然にできたものか人為的に掘ったものか判断がむずかしいタイプだ。しかし、明らかに人為的な、垂直に近い掘り込みが確認できること、底は頁岩原石を包含する層まで達していること、壁面にはさらに横方向に狸《たぬき》掘りをして探索している場合があること（図

図38●溝型の原石採掘坑
蛇行する沢のようにみえるが、人工的に掘られた採掘坑だ。

39）、標高の低い側の端部が立ち上がっており、沢だとすれば水の流れを阻止することなどから、調査者の利部は、採掘坑の一形態であると判断した。

では、なぜ蛇行しているのか。なかなかはっきりしたことはわからないが、一つの推測として、元は小さな沢だったところを利用して掘削した可能性が考えられる。蛇行した沢筋に沿って掘ったわけだ。そのほうが労力の削減につながるだろうからだ。

採掘坑は、長野県の鷹山遺跡群にみられるように、竪坑《たてこう》となる場合が多いのだが、上岩川遺跡群のように、地表面から比較的浅い層に原石が含まれていれば、それを追いかけるように掘削した結果、溝状を呈することになると推測される。このような形態の採掘坑は、国内のほかの遺跡ではいままで知られていない。

以上、採掘坑には三つのタイプがあることがわかった。このことは、原石の掘り出し方＝行動痕跡が三種類あったことを示している。

図 39 ●溝型原石採掘坑の壁面にあった狸掘りの跡
拳大ほどの原石が顔をのぞかせていた。

2　上岩川ブランドの石

原石には三つの種類がある

これまでに触れてきたように、上岩川産の珪質頁岩は光沢のある玉髄質石材が特徴的である。それらは赤褐色から黄褐色、白色である（図40上）。しかし、上岩川産珪質頁岩には、玉髄質以外のものでも良質な石質がある。暗黒褐色から茶褐色、灰褐色をしたもので、剥離面のキメは細かく滑らかである（図40中）。また、より質が劣る、剥離面のキメが粗くざらついた石質のものもある（図40下）。これらを石質からそれぞれA類頁岩・B類頁岩・C類頁岩としよう。

A類は、非常に硬質であるため、石器製作に適しているとはいえないが、見た目に美しく、頻繁な使用にも耐えうる特性がある。B類はもっとも石器製作に適しており、優美な石槍などの製作を可能とする。C類は、石器製作・使用・美的観点のいずれからも劣っている。

採掘された原石の大きさも種類によってちがいがあり、A類では直径五〇センチほどの巨礫が確認されているが、B・C類は直径三〇センチほどのものが多い。

ちなみに、旧石器人はもっぱらB類を使っている。

石のTPO

これらの種類を、第2章でみた秦の分類と照らし合わせると、おおよそA類頁岩が秦のC・Dタイプ、B類頁岩がBタイプ、C類頁岩がAタイプということになろう。

A類
琥珀のような、玉髄質の光沢がある。非常に硬質で、石器づくりには高い技術力が要求される。産出地はきわめて限られている。

B類
旧石器時代以降、一般に用いられている良質なもので、石器製作・使用にもっとも適している。やはり、どこでも採集できるというわけではない。

C類
良質ではないが、広い範囲で採集可能。旧石器時代ではあまり利用されないが、縄文時代の一般的な石器群では過半数以上を占める。

図 40 ●珪質頁岩の 3 タイプ

C類は価値づけがもっとも低くなるが、A類とB類はなにに価値をおくかで評価が異なる。秋田県内では、C類頁岩はいたるところで採集可能であり、縄文集落でもよく利用されていることが発掘調査からわかっている。一方、A・B類頁岩は現在、河川を踏査しても採集できる場所が限られており、A類にいたっては上岩川遺跡群以外では確実な産地が見出せていない。まして上岩川地区で拾えるうちの最大級サイズのものとなると、A・B類頁岩とも、他の地域ではなかなか発見することはできない。

実際、上岩川遺跡群の原石集積をみると、A・B類頁岩にほぼ限定されている。このことから、上岩川で採掘していたのは、A・B類頁岩であったことが推測されるのである。そして、A類頁岩こそがこの原産地を特徴づける、いわば「上岩川ブランド」といえるのである。

3　採掘・石器製作作業の復元

二つの遺跡類型

さて以上のように、縄文人が原石を採掘した様子がある程度わかってきた。では、上岩川でおこなわれていた採掘活動や石器製作の具体的な姿はどのように描くことができるのだろうか。さらに遺構を検討していこう。

前章でみたように、本遺跡群には、大きくみて原石採掘坑と石器集中部の二種類の遺構があった。そして、この二種類の遺構の組み合わせは六遺跡すべてにあるわけではなかった。つまり、遺跡ごとに縄文人の活動内容が異なるのだ。これを類型的に理解するとつぎのようになる。

原石採掘型の遺跡　原石採掘坑と石器集中部の両方が確認できる遺跡を原石採掘型とよぼう。樋向Ⅰ・樋向Ⅲ・大沢Ⅱ遺跡の三遺跡が該当する。原石を採掘し、採掘坑の周辺や地形的に連続する離れた場所で石器製作がおこなわれる。さらに、石器製作に重きがある樋向Ⅰ遺跡と、原石採掘により重きがある樋向Ⅲ・大沢Ⅱ遺跡に細分することができる。

石器製作型の遺跡　石器集中部のみが確認できる遺跡を石器製作型の遺跡とよぼう。鹿渡渉Ⅱ・樋向Ⅱ・大沢Ⅰ遺跡の三遺跡が該当する。原料は遺跡の外から持ち込まれ、もっぱら石器製作をした場所だ。

ある規制の存在

このように上岩川遺跡群では、どの遺跡でも石器を製作しているものの、原石採掘は限られた遺跡でしかおこなっていないことがわかった。良質な原石

図41●足元に埋もれていた大きな原石
原石採掘坑のない大沢Ⅰ遺跡でも、足元にこのような直径50cm以上の巨大な原石が眠っていた。

を採掘できる場所が限られていたのだろうか。図41は、石器製作型の遺跡である大沢Ⅰ遺跡の足元下からみつかった、直径五〇センチはある大形の良質原石である。このほかにも多様な大きさの原石がある。こうした事実は上岩川遺跡群全体を通していえることで、原石採掘坑のある場所がことさら原石の豊富な地点であるということではなさそうである。

それでは、なぜ遺跡によって作業内容が異なるのだろうか。

そこで図42をみてもらいたい。地図上に遺跡類型のちがいを示した分布図であるが、これをみると、ある傾向に気がつく。遺跡群を南から順にみていくと、原石採掘型（大沢Ⅱ）→石器製作型（大沢Ⅰ）→原石採掘型（樋向Ⅲ）→石器製作型（樋向Ⅱ）→原石採掘型（樋向Ⅰ）→石器製作型（鹿渡渉Ⅱ）というように、原石採掘型と石器製作型の遺跡が交互に立ちあらわれるのである。

こうした現象は、はたして偶然であろうか。これ

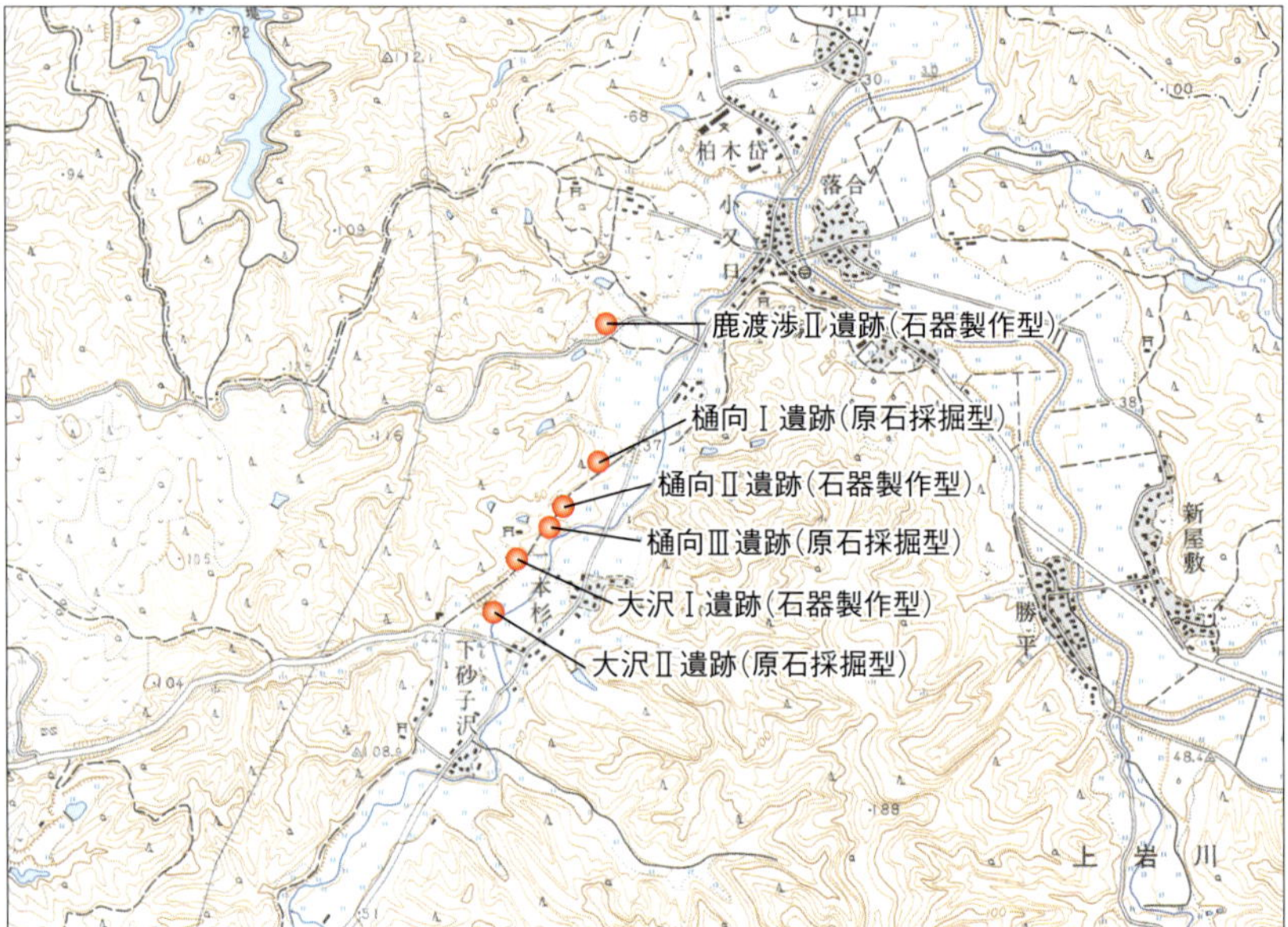

図 42 ● 遺跡類型別の分布図
原石採掘型と石器製作型の遺跡が交互に並んでいる。

が三遺跡や四遺跡の間でのことならば偶然もありえるが、六遺跡の関係でみられるとなれば（もちろん発掘調査された範囲は遺跡の全体ではないことも考慮されねばならないのではあるが）、むしろその背景になんらかの意味を探らねばならないだろう。

作業内容が遺跡をたがえて交互に立ちあらわれる現象の背景に、縄文人の空間的な規制があったと考えたい。それでは、原石採掘と石器製作に特化した遺跡群に働いた「規制」とは何か。

一連の作業過程

原石採掘と石器製作はそれぞれ独立的・排他的な関係にあるのではなく、石器製作上、連続した過程に位置づけられる。

調査担当者の利部は、原石採掘にはじまる一連の作業過程について、A段階＝原石の採掘、B段階＝原石の洗浄、C段階＝石器製作の三段階を考えている。

A段階が原石採掘坑、C段階が石器集中部でおこなわれた作業と理解できる。B段階については、考古資料から直接、おこなわれた場所を確定するのはむずかしいものの、泥だらけの原石をそのまま石器製作にまわすとはとうてい考えられないことから、確かにありうる作業だ。三つの作業は切っても切れない関係にあることがわかるだろう。

そして、これら三つの連続的な作業を効率的に進めるには、作業動線が錯綜しないように留意することが必要である。

ここでポイントとなるのが「洗浄作業」だ。遺跡と遺跡の間には必ず沢がある。また、遺跡の眼下には小又川が流れている。原石洗浄にはこれらの沢や川が適している。言い換えれば、沢での原石洗浄を介在して、採掘と石器製作を異なった場所で遂行したと推測されるのである。

作業内容の復元

図43は以上の推測を模式図化したものである。これをもとに、実際におこなわれたであろう作業内容を復元してみよう。

作業段階1　まず、採掘地の決定と採掘の開始。当時の人びとがどのように採掘地を決めたのかはわからないが、地形を考慮したり、肉体労働のしやすい場所（日陰があるなど）、あるいはほかの要因もあったかもしれない。採掘に関わった人員は、土坑型の場合、規模から考えて、一〜数名でおこなったものと考えられる。

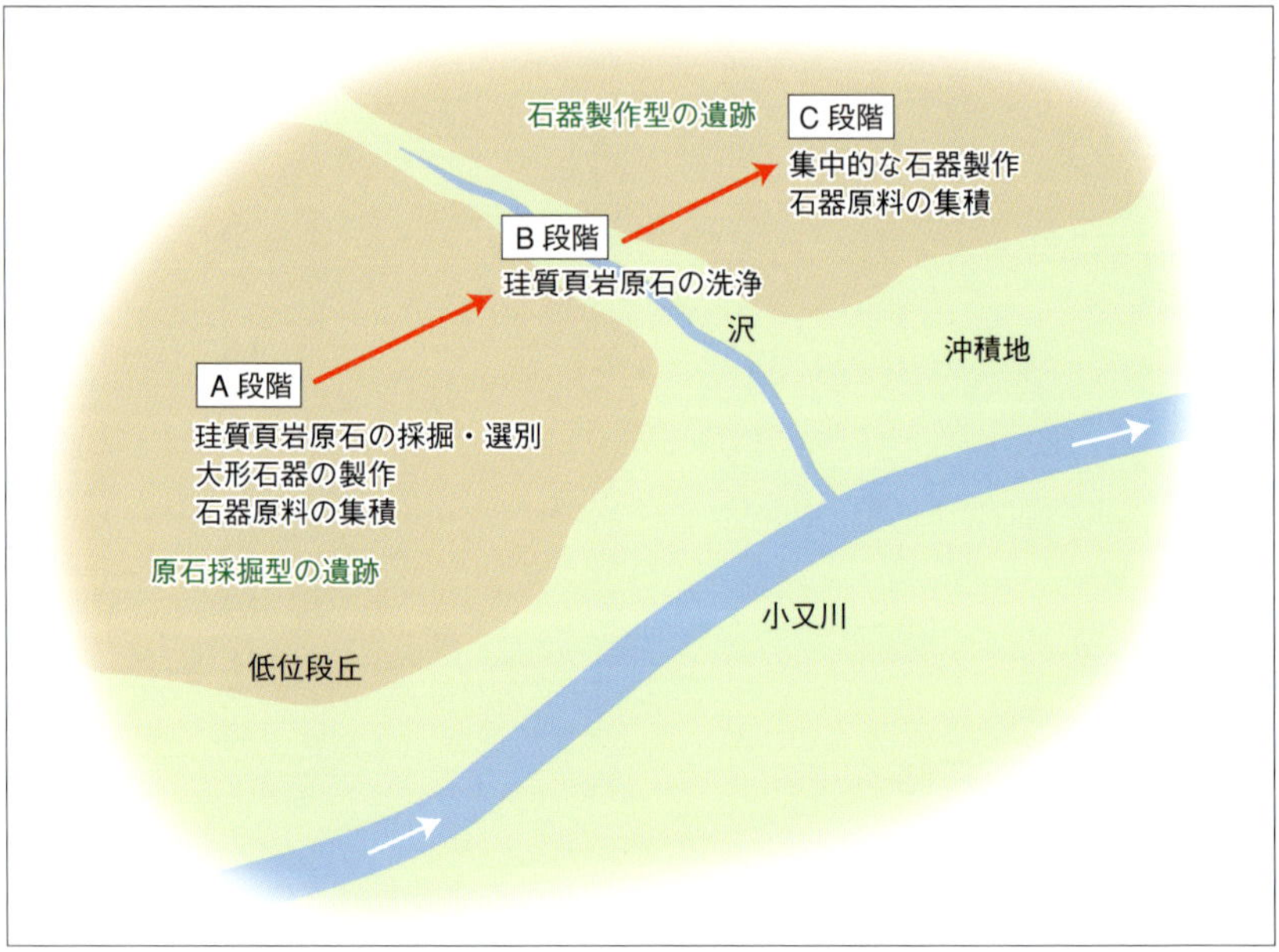

図 43 ● 作業段階の模式図
縄文人は、原石の採掘から石器製作に至るまで、作業内容に応じて空間を区別していた。

作業段階2　つぎに掘り出した原石の洗浄・選別をおこなったのであろう。選別行為については、考古資料からもある程度、推測可能だ。遺跡には、あたかも中身の質を確かめるように一度だけ打ち割った原石が数多く存在する。わたしたちはこれを「一発コア」と慣例的によんでいるが、原石の質を確かめるのに必要な行為だ（図44）。「コア」とは石核のことである。

作業段階3　おそらく原石の選別と前後して、それを一カ所にまとめ置く集積作業があった。発掘調査では、原石採掘坑の底や遺構の外にいくつかの原石集積場所を確認できた。

作業段階4　集積場所から選び出された原石は石器製作の作業へと移される。どのような石器をつくるかによって、原石の質や大きさを考慮したであろう。大きな石槍をつくるにはさらに大きな原石が必要だし、小さな石鏃をつくるには小さな原石や石核で十分だ。ここでもやはり選別作業がある。

このように、作業段階1〜3は原石採掘型、作業段階4は、おもに石器製作型の遺跡でおこなわれたといえる。上岩川遺跡群では作業手順に沿った空間配置がなされていたと考えられる。いわば流れ作業的な土地利用のあり方である。ちなみに、こうした土地利用は、図22のようにひとつの遺跡内でも認められる。

図44 ● **一発コア**（柏木岱Ⅱ遺跡出土）
上の黒い部分が、中身の質を確かめるかように
一度だけ打ち割った痕跡。

大形石器の製作とリスク回避

ところで、本遺跡群中で最大規模の樋向Ⅲ遺跡をみると、原石採掘型であるにもかかわらず、石器分布密度がもっとも高く、集中的に石器製作をしていた。石器組成からは石槍が目立つが、すべて製作途上の破損品である。また、もっとも規模が小さい原石採掘型の大沢Ⅱ遺跡でも、製品の点数が少ないにもかかわらず石槍が出土している。

これらの遺跡では、石槍を製作したときに生じる特徴的な形の調整剥片がまとまって出土したり、石槍の未成品や石槍製作を示す接合資料が見出されたりするので、間違いなくその場で石槍づくりがおこなわれていたことがわかる（図45）。石槍のような大形石器は、一般的な集落でつくるのではなく、原石原産地でつくることが多かったようだ。原石を掘り出したその場で製作に着手することにより、製作リスクの回避や運搬労力の削減につながるからだ。

図45 ● 石槍製作を示す接合資料
石槍の破損品に、剥片が接合した。
この場所で製作したことがわかる。

小形石器の製作と素材剥片の管理

一方、石鏃の未成品が示すように、小形の剥片石器も遺跡群内で製作されていたようである。一三万点以上ある剥片は、石鏃や石匙、スクレイパーなどの素材になった。どの製品に仕上げるか、縄文人は目的に応じて剥片の形などを見て選び分けていた。

このうち、四八点出土したスクレイパーに注目すると、他の剥片石器に比べて、表面に礫の表皮が付着している剥片を素材としているものばかりなのに気づく（図46）。これらのスクレイパーはつくりが精巧でなく、単なる刃付けのみが施されたものばかりであることから、その場限りの使い捨ての道具だったと考えられる。そのような「臨時的な石器」には、きれいな剥片ではなく礫皮面の付いた剥片が素材として使われたようだ。

このことは、膨大な数の剥片も、一点一点が選び分けられていたことを示しているのではないだろうか。言い換えれば、採掘された原石のみならず、何気なく散らばっている剥片も管理の対象となっていた可能性が考えられるのである。この点については、より詳細な分析が今後必要である。ただし、臨機的なスクレイパーは手持ちで使われたと考えられることから、礫面がグリップ（すべり止め）としての役割をはたしていたという想像もできる。

図 46 ● 臨機的につくられたスクレイパー
上岩川遺跡群で出土したスクレイパーには必ず礫皮面が付いている。礫皮面の付着しない剥片があるにもかかわらずである。本書では剥片管理の一端を反映するものとしての評価に重きを置いたが、スクレイパーが手持ちで使われたものと想定すると、礫皮面がグリップの役割をはたしもしたと積極的な評価もできよう。

第5章　石器から縄文の地域社会に迫る

1　生活の場を求めて

「あるモノ」と「あるべきモノ」

ここで、上岩川遺跡群でどのような石器製品が出土したのか、もう一度みてみよう。遺跡群全体では、石槍二〇点、石鏃一四点、石箆六点、両面加工石器八点、石匙六点、石錐二点、スクレイパー四八点、トランシェ様石器一点、打製石斧一点、二次加工ある剝片三八点の合計一四四点が出土した。これは、石器類の総点数一三万三九九九点のわずか〇・〇一パーセントにすぎない。つまり、ほとんどが石器製作にともなう石核や剝片などの残滓で占められている。

限りなくゼロに近いがそうではない、「〇・〇一パーセント」という数字がもつ意味はじつは大きい。この数字は、一三万点を超える石クズが生じるほど大量に石器をつくりながら、その石器製品が遺跡内に残っていないことを物語っている。あるべきモノがないのである。

遺跡の外への視点

「使われる道具は製作された場所をはなれて動く」

これは、埼玉県の砂川《すながわ》遺跡第一次調査の報告のなかで、明治大学の戸沢充則《とざわみつのり》が記した言葉である。砂川遺跡は「遺跡の構造論的研究」の端緒となった旧石器時代遺跡で、出土した石器は国の重要文化財に指定されている。

従来、遺跡ごとに出土した石器の組成を静態的に検討していたのに対し、戸沢と同じく明治大学の安蒜政雄《あんびるまさお》らは、石器を動態的にとらえなおした。つまり、遺跡間をまたいで人とともに動く石器の軌跡を具体的に描き出したのである。

わたしたちの生活が一つの場所では成り立たないのと同じで、まして移動生活を営んでいた旧石器人の活動は一遺跡では完結しない。

この方法論は以後、日本旧石器時代研究の根幹をなしていくが、こうした視点は縄文時代の石器研究にも十分、適用されるものとわたしは確信している。

これまでみてきたように、上岩川遺跡群は一般的な集落跡ではなく、原石採掘と石器製作に特化した性格をもっている。もっぱら製作されたであろう石器は、当然使用されるべき場所へと持ち出された＝「動く」のである。とくに、本遺跡群の特徴となる石槍は、ほとんどが製作中の失敗により破損したものである（図32参照）。

周辺の集落遺跡

上岩川遺跡群では、竪穴住居跡や貯蔵穴群、墓域など集落にあるはずの遺構がみつからなかった。また、土器もほとんど出土していない。「生活のにおい」がまったくしないのである。つまり、当地で活動した縄文人は別の場所に居住していたと考えられる。では、生活の場はどこか。

上岩川遺跡群がある三種町の名前の由来となった三種川は、房住山に源を発し現在の八郎潟《はちろうがた》に注ぐ約五二キロの河川で、上流域にはトビゲラやカワゲラ、サンショウオなどきれいな水に棲息する生き物がみられる。この三種川流域に縄文時代の遺跡分布をあわせてみると、三種川上流域にある上岩川遺跡群を頂点として、下流域〜出羽丘陵西麓へと扇を広げたように遺跡の密度が高くなっていくことに気づく（図47）。

直近の居住地候補

上岩川遺跡群からもっとも直近にあるのは柏木岱《かしわぎだい》Ⅱ遺跡である（図48上）。北端の鹿渡渉Ⅱ遺跡から北東へ五〇〇メートルの段丘上にあり、縄文時代前期と後期の集落跡の一部が発掘調査された。集落跡といっても、集落の縁辺にあたる部分しか発掘調査されておらず、竪穴住居跡などの遺構もみつからなかったが、質の良いA・B類頁岩を素材とした大量の石器類が出土している。

石器製作で生じた石クズが中心だが、上岩川遺跡群にくらべて製品類や土器がまとまって出

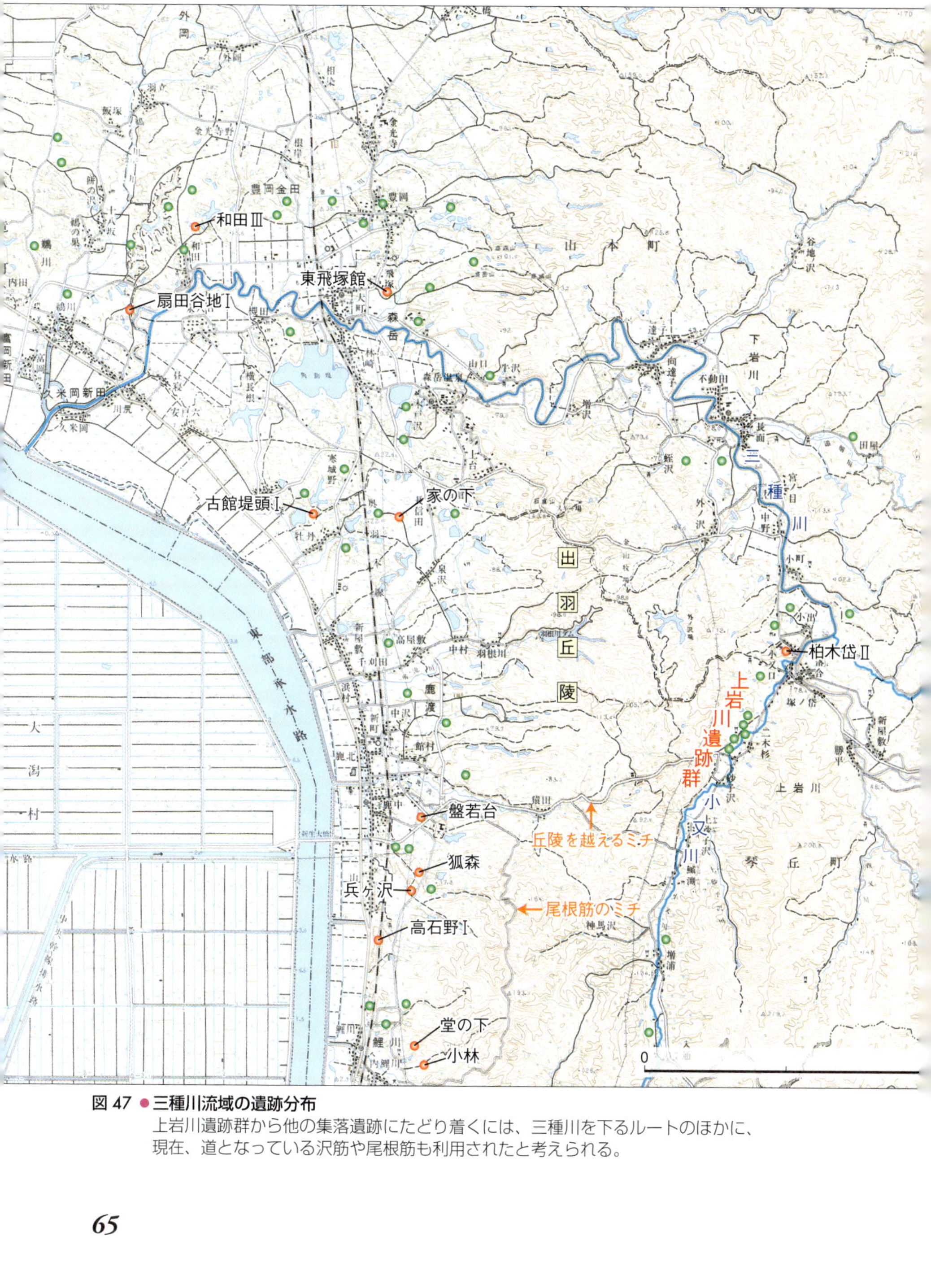

図 47 ● 三種川流域の遺跡分布
上岩川遺跡群から他の集落遺跡にたどり着くには、三種川を下るルートのほかに、
現在、道となっている沢筋や尾根筋も利用されたと考えられる。

図 48 ● 柏木岱Ⅱ遺跡
上：縄文集落の縁が発掘調査された。写真の左手 500m 先に上岩川遺跡群がある。集落の中心部は奥にみえる上岩川小学校のあたりだったのだろうか。下：遺跡からはＡ・Ｂ類頁岩製の石槍や石篦などの石器が数多く出土した。（左上：長さ 11cm）

土している。なかでも中・大形の石槍、石篦類が目立つ（図48下）。位置関係からも、これらの石器は上岩川遺跡群から直接的に持ち込まれたものと考えても差し支えない。上岩川遺跡群で活動した人びとの居住地として最有力候補地の一つである。

石器や原材を保管した遺構

現在の日本海東北自動車道の八郎潟パーキングエリアになっている場所に、堂《どう》の下《した》遺跡がある（図49）。標高六五メートルの丘陵上に立地し、日本海にまるで島のように浮かぶ男鹿半島を見渡すことができる。

こうした標高の高い場所に先史時代の集落跡がみつかることはあまりないが、この遺跡で注目されるのは、「デポ遺構」と一般によばれる、石器や原材をひとまとめに保管した穴が二カ所で発見されたことだ。

図49 ● 堂の下遺跡
奥には八郎潟と東部承水路、天気がよい日には日本海と男鹿半島の山並みが美しくみえる。真っ赤に燃えるような夕焼け空は絶景である。

一つは、直径五〇センチ×深さ三〇センチの円形の穴で、そのなかに石槍の未成品と石器素材の剝片がまとめて入れられていた（図50）。調査者の磯村亨によれば、一番上には、目印のように三角錐状の珪質頁岩が置かれたような状態で出土したという。石器の形態から縄文時代前期の遺構と考えられる。

もう一つのデポ遺構は、直径四〇センチ×深さ一五センチの円形の穴で、なかから美しく光る玉髄の原石が約四〇点まとまって出土した。各々の玉髄は直径七センチほどと小さい（図51）。石器をつくるとしても石鏃くらいしかつくることができないだろう。それらの原石は、石器のつくり手がまるで中身の質を確かめたかのように打ち割られている。

これらデポ遺構は、河原などで石材を容易に得ることができない標高の高い丘陵地で、縄文人が狩猟などの活動をする際に、臨時に石材の

図50 ● 石器類が貯蔵された穴
C類頁岩製の石槍未成品や剝片がまとめて埋められていた。周囲は珪質頁岩を採集することのできないほどの標高の高い丘陵地であることから、石材補給を目的とした貯蔵穴と考えられる。

補給をするために掘られた貯蔵穴であろう。

竪穴住居のなかに石器を保管した穴が

堂の下遺跡の近く、大きな沢をはさんで南側の丘陵上には、縄文時代中期後葉の小林遺跡がある。

みつかった遺構は竪穴住居跡一軒、貯蔵穴二基、陥し穴二基。竪穴住居跡は直径四メートルほどで、複式炉という、縄文時代中期に流行した特殊な炉が設けられていた（図52上）。

集落とするには物足りないが、注目すべきはその炉の隣り、小さな穴からＢ類頁岩を用いた石器類が折り重なるように発見されたのだ（図52下）。

剝片同士くっつけてみると、みごとに接合する。これらの石器はおそらく、堂の下遺跡同様、石器づくりの材料として、いつでも使えるように家のなかに保管したものだったのだろう。

図51●貯蔵された玉髄製の石器原料
これらの玉髄が採集できる場所はまだわかっていない。資料中には、小形で薄い剝片が剝ぎとられた石核がまとまってあることから、石鏃などをつくる際の原料として用いられたものと推測される。

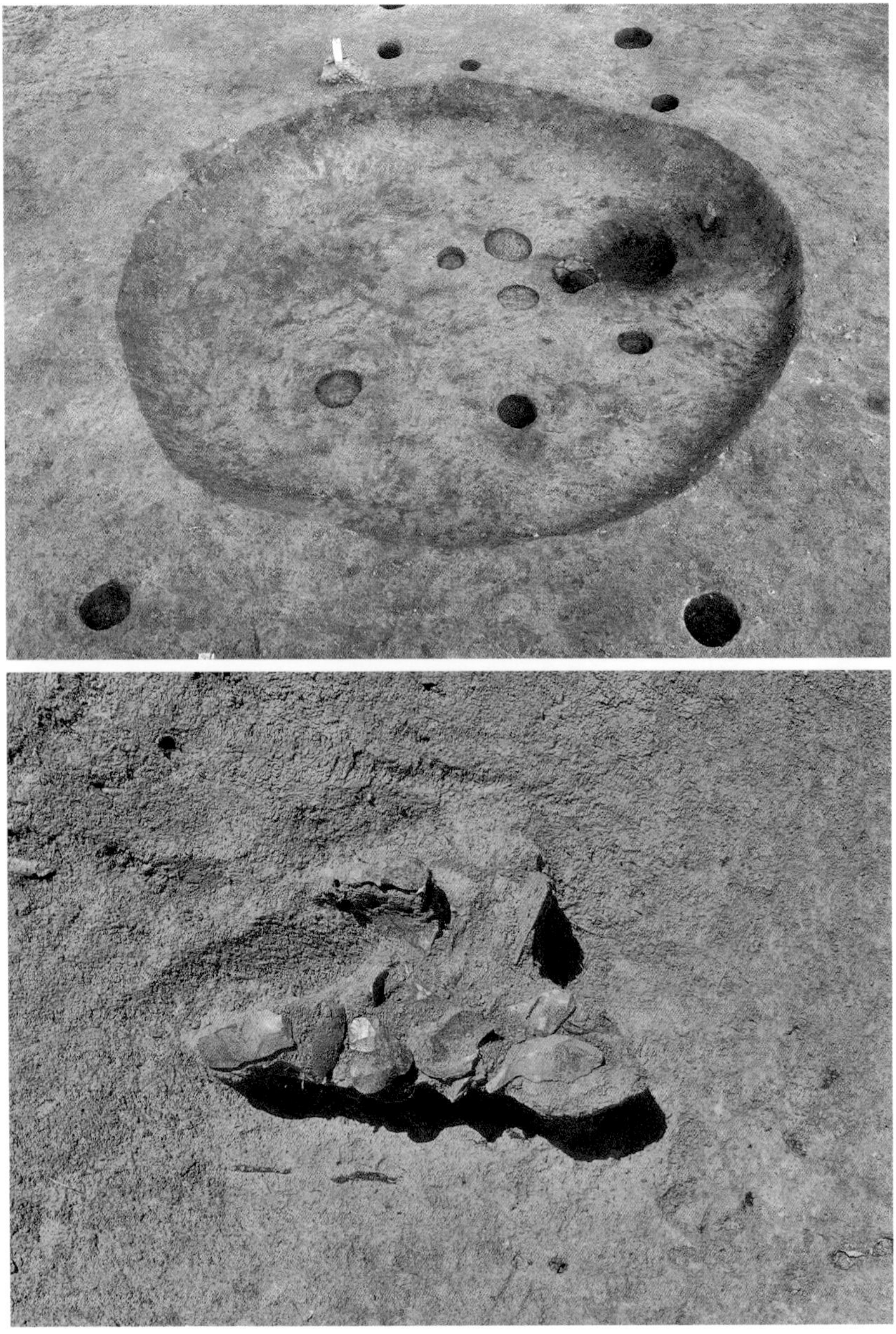

図 52 ● 竪穴式住居跡と石器素材貯蔵穴
直径 4m ほどの竪穴式住居跡（上）のなかにある炉のそばに、B類頁岩を貯蔵した穴がみつかった（下）。

製品を遺跡外から搬入した集落

堂の下遺跡のある丘陵の北の日本海沿岸部に、大規模な縄文時代前期集落跡の狐森《きつねもり》遺跡がある（図53）。

ここからは竪穴住居跡、掘立柱建物跡、捨て場などの遺構がみつかったが、注目されるのは、大形の石槍や石篦がまとまって出土していることである（石槍五一九点、石篦一一八八点）。

大形の原石を搬入した痕跡はなく、石槍を製作したときに特徴的に生じる調整剝片もほとんど認められないことから、半製品か製品の状態で遺跡外から搬入したと推測できる。石質はB類頁岩を中心としている。

また、石錘《せきすい》が五七五〇点と多量に出土しており、調査者の一人である高橋忠彦は漁撈に従事した集落と推測している。

図53 ● 狐森遺跡
手前から中央奥へと日本海東北自動車道の建設地がのびており、そこからは大量の土器・石器が出土し、縄文時代前期後半の集落跡であることが判明した。

このほか、三種川中流域の縄文中期前葉の集落跡である和田Ⅲ遺跡では、一二軒の竪穴住居跡から、剥片一四九九点のほか、石鏃二二点、石槍八点、石匙八点などが出土している。それらの石質はC類頁岩を中心としたものだ。A・B類頁岩は数点程度がわずかに持ち込まれているような状況を示している。また、中期後葉の環状集落である古館堤頭Ⅱ遺跡では、B類頁岩を中心とした数多くの石鏃・石匙などが出土している。

以上のように、遺跡によって石器のあり方はさまざまだが、高い丘陵上の遺跡では貯蔵された石器類が出土し、河川沿いの集落遺跡ではまとまった量の石器製品が出土するという傾向を読みとれる（図54）。

縄文人の日常行動領域

かつて東京大学総合資料館（当時）の赤澤威《あかざわたける》は、欧米を中心とした先史考古学や民族考古学的研究

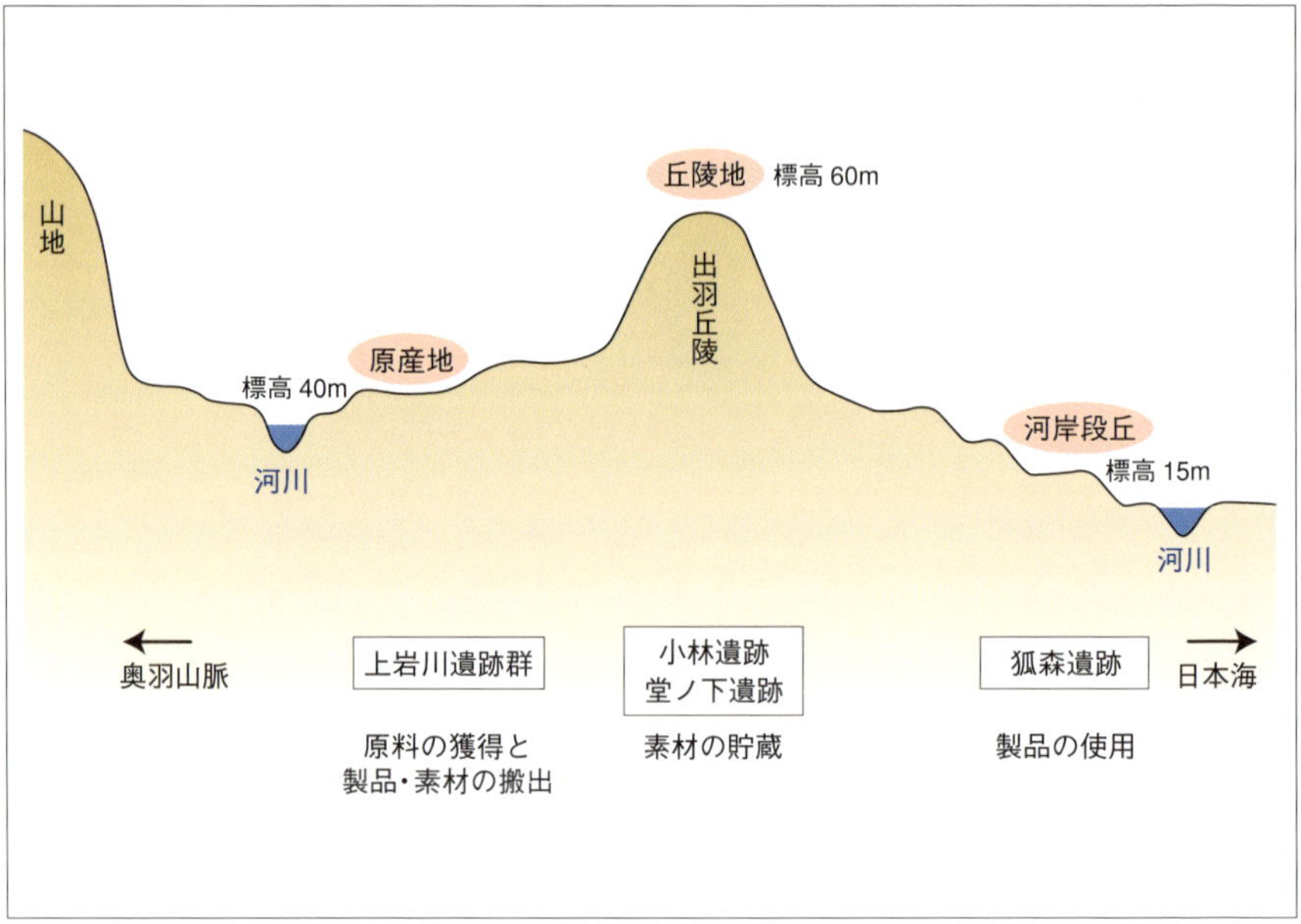

図 54 ● 地形断面でみた模式図
谷底平野・丘陵地・沿岸の河岸段丘といった多様な地形で、
残された遺跡の種類は異なる。

の成果にもとづいた縄文遺跡の生態学的アプローチから、半径一〇キロ・歩行時間二時間が狩猟採集民（縄文人）の遺跡テリトリー、つまり日常生活圏であると推定した。

この推定を援用すると、これらの集落跡や狩猟地は、古八郎湖に注ぐ三種川流域に分布し、上岩川遺跡群から西一〇キロ内にすっぽりおさまる。つまり、三種川流域に集落を構えた集団が、その上流域にある上岩川遺跡群を日常行動領域内に組み込み、河川や尾根づたいに行って、原石の採掘と石器の製作・搬出をおこなったと考えられないだろうか。

実際には地形を勘案しないといけないが、半径一〇キロ内に上岩川遺跡群が含まれる複数の集落跡は、日常生活領域を共にしており、少なくとも珪質頁岩資源の開発で、相互に関係を有していたと推測される。その関係とはすなわち、優れた珪質頁岩産出地を共同で管理（原石採掘・石器の製作・製品や素材の搬出と貯蔵）する地域社会の姿である。

2　地域社会が生まれる

自給自足か余剰生産か

それでは、珪質頁岩原産地の共同的開発は、三種川流域の集団が自給自足的に必要とする石器原料を獲得するのが目的だったのだろうか。

「上岩川ブランド」といえるA類頁岩に注目してみよう。三種川流域の集落跡におけるその出土状況を概観してみると、集落跡ではB・C類頁岩が中心であり、柏木岱Ⅱ遺跡を除いて、A

類頁岩はあまりみあたらない。いかにも不自然である。

上岩川遺跡群で採掘活動をしたと考えられる集落跡にA類頁岩が少ないのは、集落内で自家消費しなかったことを示しているとは考えられないだろうか。つまり、より広い範囲に流通しているのだと。ここでも「あるべきモノがない」意味を考えることが鍵となる。

そして、上岩川遺跡群に隣接し、小又川と三種川の合流地点にある柏木岱Ⅱ遺跡は、A・B類頁岩素材の製品類とその製作跡がまとまって認められることから、下流域や出羽丘陵西麓へとむかう物流の搬出拠点的な集落としての役割があったと考えられる。

定住化社会の資源開発

氷河期であった後期旧石器時代のように広大な領域を遊動する社会とちがって、現在よりも気候の温暖だった縄文時代前期以降、定住化が本格的にはじまる社会では、なるべく生活領域内にとどまって、その土地特有の資源開発に専念し、他の領域集団との間でモノの交換がなされていたと考えられる。いわゆる物々交換の社会であるが、そのほうが資源を有効かつ多様に開発・利用できるため、経済効率も高く、より豊かな生活を保証する。

たとえば、海浜で生活する集団と内陸の山間部で生活する集団とでは、両者が個々ばらばらに海の幸、山の幸双方を獲得しようとすると、たいへんな労力と時間がかかることになる。それよりも各々のもつ特有の資源開発に専念して余剰分を生み出し、物々交換したほうがはるかに効率がよい。

そして、そのような交換ネットワークを張りめぐらせばめぐらすほど、さまざまな資源を利用することができる（図55）。これこそが、人類が定住化を迎えた社会の経済面での生き方ではないだろうか。

生活する領域で有益な資源がみつかり、同じ領域に居住する複数の集団間で共有されると、それはある種の「共有財」として認識されるだろう。裏を返せば、共有財＝資源を核とした一定の地域のまとまり＝地域社会の認識である。

定住化社会のはじまりは、必然的に資源開発領域を形成し、地域社会を生み出す原動力になるのだ。

そして、それは交換ネットワークをとおして、他の地域を認識することでもある。つぎに、地域をより広げて交換ネットワークを追っていこう。

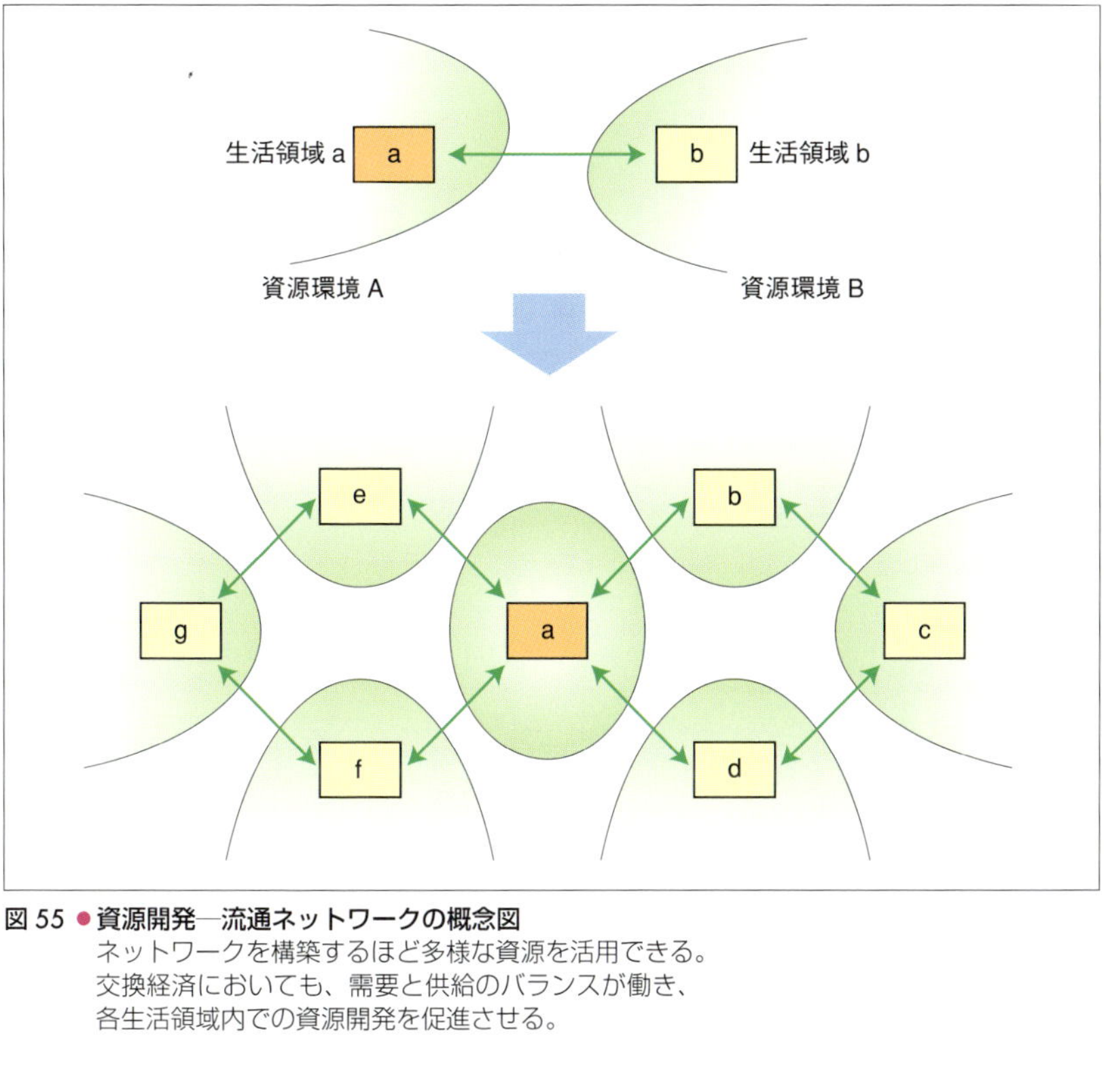

図55 ● 資源開発—流通ネットワークの概念図
ネットワークを構築するほど多様な資源を活用できる。
交換経済においても、需要と供給のバランスが働き、
各生活領域内での資源開発を促進させる。

3　海と山を結ぶネットワーク

内陸部の集落へ

このように仮定を重ねながら議論を進めてきたが、それでは考古資料として、はっきりとした流通の痕跡はあるのだろうか。石そのものから原産地の推定分析が適用できない珪質頁岩で、流通の実体を明らかにすることはいまのところ限界がある。しかし、だからといって手をこまねいているわけにはいかない。そこで、内陸部にある縄文時代前期の集落跡を検討してみることにする。

三種川より一〇キロ北には秋田県三大河川の一つである米代川《よねしろがわ》が悠々と流れている。この流域には縄文時代の遺跡が多く分布する。河川敷には、小ぶりながら良質な珪質頁岩もところどころ採集できる。米代川の河口から内陸へ七〇キロ入ったところに大館市の池内《いけない》遺跡がある。縄文前期後葉の大規模な集落跡で、竪穴住居跡七九軒、貯蔵穴一七一基、土坑墓四四基、捨て場五カ所などがみつかった。膨大な量にのぼる石器類は、ほとんどが在地で採集可能なC類頁岩を原料としたもので、打ち割った痕跡のある大形礫も発見されている（図56）。

副葬品の石器

ここで注目したいのは、数多くのC類頁岩製石器のなかに、いくつかB類頁岩製の石器があることだ。それらは石槍や石鏃などで、土坑墓から出土した副葬品に目立つ（図57）。つくり

図 56 ● **池内遺跡出土の珪質頁岩**
人頭大の大形礫だが、珪化の進んでいないC類頁岩である。池内遺跡の石器のほとんどがあまり質の良くない石材を原料としている。

図 57 ● **墓から出土した副葬品**
良質な珪質頁岩を使って、非常にていねいにつくられている。おそらく実用品ではなく、はじめから副葬品としてつくられたものだろう。（左上：長さ 3cm）

は非常に薄くていねいに仕上げられており、優美である。なんの確証もないが、熟練した石器づくり職人の手によるものと思えるほどの仕上がりだ。その精巧さ、そして使用による破損がないことから、実用品ではなさそうである。

わたしは、薄暗い収蔵庫のなかで、池内遺跡出土の大量の石器類から、A・B類頁岩を幾度となく探し出そうとした。しかし、ほとんどみつけることはできなかった。また、遺跡周辺の石材調査もおこなったが、石器製作に適した大きさを確保できる原石はすべてC類に属するものだった。

つまり、副葬品に供された石器は、集落の外から製品に近い状態で持ち込まれたと考えられるのである。図58の池内遺跡出土の石槍は、形や大きさ、石質までもが狐森遺跡出土の石槍と酷似している。

図 58 ●池内遺跡と狐森遺跡出土の石槍
上が池内遺跡出土（長さ 17.7cm）、下 2 点が狐森遺跡出土。形や大きさ、石質までも酷似している。

これまでの秦の研究やわたしの踏査の結果、A・B類頁岩は奥羽山脈に近い内陸部では採集できない。一方、C類頁岩なら豊富に産出する。わたしも秋田に就職した際、「頁岩ならどこでも拾えるよ」との同僚の言葉を信じて、最初の勤務地であった県南内陸部の大仙市周辺で珪質頁岩拾いを意気揚揚と試みた。だが、拾えるのはことごとく質の悪いC類頁岩で、肩をがっくり落とした経験がある。また、このとき同時に、「質の良い珪質頁岩を産出する場所が秋田のどこかに必ずあるに違いない」との思いをもったことがいまでは懐かしい。ちなみに、内陸部の払田柵跡や七高山修験遺跡の珪質頁岩もC類である。

海棲魚の骨と男鹿産黒曜石、流通する珪質頁岩

池内遺跡では、沿岸域とのモノの交換をうかがわせる明確な資料が発見されている。一つは、エイやサメ、タイなど海棲魚の骨である。そして、もう一つは黒曜石で、秋田県男鹿産一二点、青森県深浦《ふかうら》産一点、同県出来島《できじま》産一点という産地推定分析の結果が出ている。これらの黒曜石製石器はほとんどが石匙に仕上げられているが、機能部は刃付けされておらず、つまみ部だけがつくり出されている非実用的な石器である（図59）。

これらの資源は、池内集落の住人がわざわざ日本海岸まで米代川を七〇キロ下って直接、手に入れたものだろうか。米代川ルートで沿岸域の集団から入手したもの、いわば交換された品と考えたほうが自然であろう。沿岸部集団の交換品目には、海棲魚と黒曜石があったといえる。

そして、「上岩川ブランド」に代表されるような、沿岸地帯の出羽丘陵麓〜男鹿半島で特徴

的に産出するA・B類頁岩も、当時の流通リストのなかにあったのではないだろうか。

ふたたび沿岸部の集落へ

流通という観点から、ふたたび沿岸部集落をみてみると、内陸部の特産品らしきものがみあたるのだろうか。結論からいえば、残念ながら考古資料として内陸産のものと特定できるものはいまのところない。

想像するに、内陸の山間で特産とされるものには木の実や動物の肉、毛皮などがあげられる。池内遺跡では、木の実（線刻されたクルミまで！、図60）やウサギ、ムササビなどの骨も出土している。これらは有機物であるため、条件の良い遺跡でないと考古資料としては残りにくいのだ。

ただし、米代川上流域にある縄文時代の諸遺跡では、狩猟用の陥し穴が数多くみつかってい

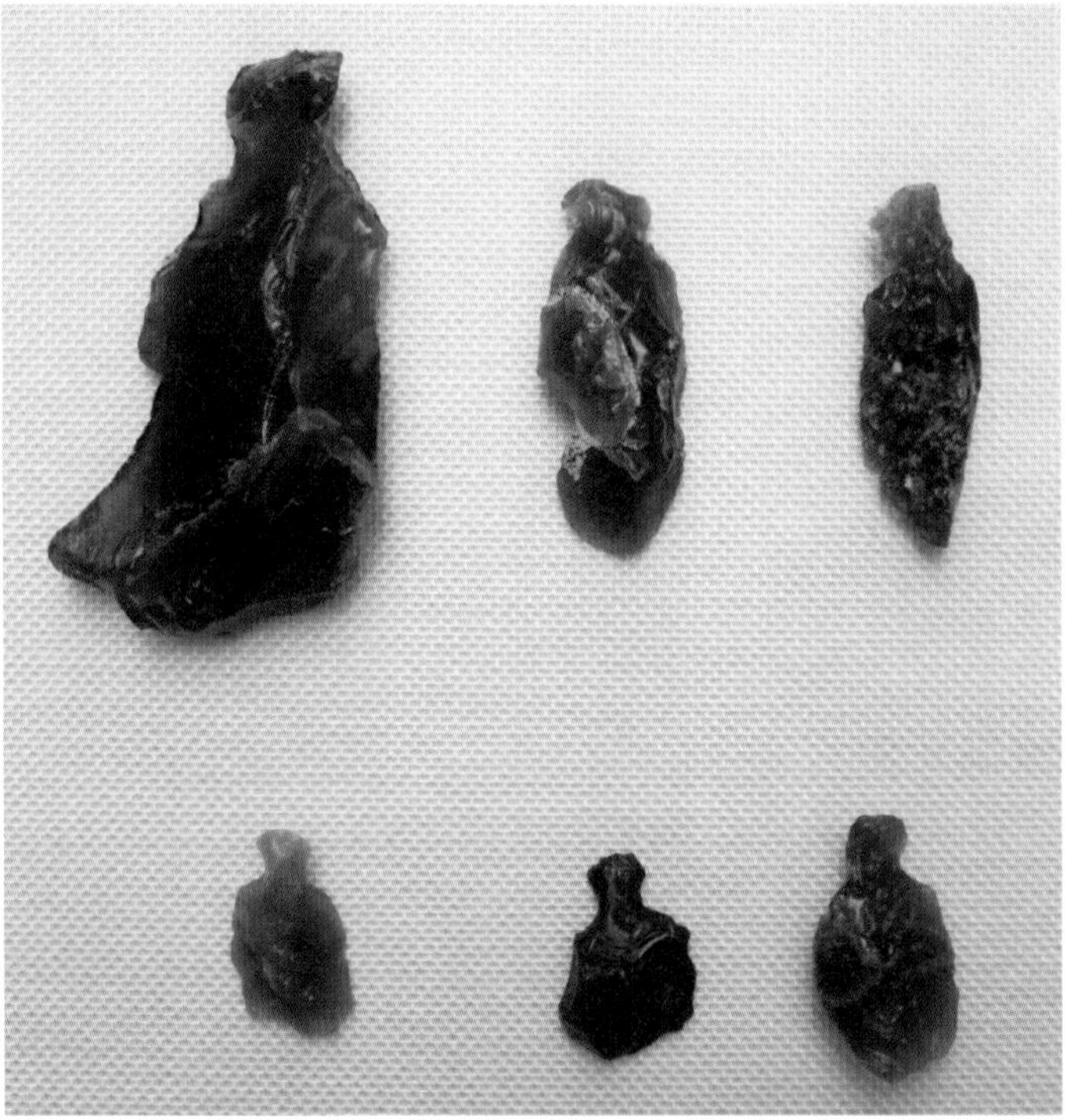

図59 ●沿岸部から池内遺跡に持ち込まれた黒曜石製の石匙
本来の石匙は図31の上段のもの。上のものは石匙に特徴的なつまみ部分だけがつくり出されたもので、刃付けがされていない。海の魚と一緒に持ち込まれた非実用的な品々である。（左下：長さ4cm）

る。たとえば、若干古いデータではあるが、秋田県埋蔵文化財センターの榮一郎によると、小《こ》坂町《さかまち》のはりま館《たて》遺跡では五二基、鹿角市の大湯《おおゆ》環状《かんじょう》列石《れっせき》周辺では二八基、北《きた》の林《ばやし》Ⅱ遺跡では二一基、北の林Ⅰ遺跡では一六基、妻《さい》の神《かみ》Ⅲ遺跡では一三基と、米代川上流域で陥し穴がまとまっているという。

一方で、前述したように、狐森遺跡では漁撈用の投網に使われた石錘が大量に出土した。自家消費分だけではない水揚げがあっただろう。池内遺跡から魚骨が出土するのと符合する。また、太平洋側にくらべて数は少ないものの、秋田県沿岸でも貝塚や貝の貯蔵穴が発見されている。たとえば、米代川流域には能代市の上《うわ》ノ山《やま》遺跡（縄文時代前期後半）、柏子所《かしこどころ》貝塚（晩期前半）、八峰町《はっぽうちょう》の萱刈沢《かやかりざわ》貝塚（前期末〜中期初頭）、男鹿市の角間崎《かくまざき》貝塚（前期前葉）などが知られる。秋田県域で主流のヤマトシジミなどの貝類も流通の対象となった可能性が高い。

秋田県では縄文時代の舟やその存在を直接的に示すような考古資料はみつかっていないが、遺跡の立地などから考えて、河川が当時、物資を運ぶ重要な「ミチ」だったといえる。三種川は、上岩川遺跡群と下流域集落間をつなぐ日常領域の幹線路のような役割を担っていただろうし、米代川は沿岸領域と内陸山間領域を結ぶ「交通」の大動脈だったのである。

図 60 ●**線刻されたクルミ**
山の恵みを存分にうけたであろう
池内遺跡でみつかった。

第6章　石器で語る縄文時代

1　なぜ原石を採掘するのか

大きな原石を求めて

上岩川遺跡群では、眼下の小又川でも珪質頁岩を拾うことができる。しかし縄文人は、多大な労力を費やして、採掘していた。そこにはどのような意味があったのだろうか。

その理由の一つとして考えられるのは、大きな原石の獲得である。たしかに小又川の河原でも、A・B類頁岩を採集することができる。しかし、現在拾える原石の大きさは拳大《こぶし》程度である。上流に行けばより大きい原石がみつかるかもしれないと思い、踏査を何度か試みた（図61）。しかし、逆に河原は小さな円礫で埋めつくされている。地図で地名を確かめると「砂子《すなこ》沢《ざわ》」とある。「岩」の川ではない、「砂」だ。そうした様子が地名にもあられている。

やはり遺跡群直下の河原で質の良い原石が拾える。おそらく、遺跡群近くの山のなかに珪質頁岩の露頭《ろとう》があって、そこから風雨や河川の浸食などの自然の営力によって原石が削り出されて河原に供給されたのだろう。そのため、遺跡ののる段丘礫層中からは、人頭大から大きいものでは一抱えもあるA・B類頁岩が豊富に産出されるのだ。

払田柵跡でも、巨石をねらって採掘した可能性が考えられた。縄文時代前期には大きな原石を狙う必要があったようだ。その理由は製作の目的物とかかわりがある。

原石サイズと石槍

上岩川遺跡群の主要な生産品は、縄文時代前期に特徴的な大形の石槍だった。製作作業中に破損してしまう可能性が高い、このハイ・リスクな石器をつくるにあたっては、それに見合った大きな石器原料が必要だ。

石材を得るという観点からは、採掘は河川採集にくらべて非効率的にみえるかもしれない。しかし、石槍の製作まで含めた活動の全体を眺めるとどうだろうか。河川で採集した、目的とする石槍のサイズより一まわりほどしか大きくない原石を少しずつ拾っていくよりも、十分な大きさの原石をまとめて入手する採掘のほうがだんぜん効率がよい。

図61 ●小又川沿いに石材を調べる
どのような原石が分布しているか、歩いて調べた。その結果、上岩川遺跡群で採掘されるほどの大きく良質な原石はなかなかみつけ出せなかった。

また、石刃もまとまって生産されていたが、連続的に石刃を剝ぐには、石核をいくぶん整形しなければならず、やはり大きさがある程度確保された原石が必要だ。このように原石のサイズが、採掘活動の大きな根拠の一つと考えられるのである。

協働としての採掘活動

もう一つ、採掘活動の理由があるとすれば、それは集落間の「協働」自体を目的としたということが考えられる。これまでに述べてきたように、上岩川遺跡群では相当に管理された土地利用がみられ、その背後には三種川流域を生活領域とした複数集団の共同管理・共同開発があっただろうと推測した。そして、日常生活領域を共有し、交換などをとおしてより豊かな生活の糧を得るためには、集落間の絆を維持・強化する必要があったのではないだろうか。「上岩川ブランド」の組織的な資源共同開発は、縄文時代前期の温暖化と定住化の促進、これにともなう生活領域の固定化と協働による地域資源の開発・分業、そして流通ネットワークの確立という一連の歴史的な動きのなかでこそ理解できるのである。

2　交易商人はいたのか

黒曜石や琥珀、翡翠《ひすい》、アスファルトなど、日本列島で産地が限定されている資源が、縄文時代をとおして広く流通していたことはよく知られている。このような流通は人から人へ伝わったものであり、物々交換のような狩猟採集経済のなかで理解することができる。

それは、「交易」という表現によく置き換えられる。大工原豊《だいくばらゆたか》は、黒曜石の流通を研究するなかで、そのような交易の背景に「商人」といった専業的集団の存在を想定している。商人とは、まさに交易を糧とした職業である。はたして、縄文時代にそのような職業が成立しえたのだろうか。

勅使河原彰は、縄文時代の分業を「自然発生的分業」としてとらえ、大工原の交易商人説を批判している。製塩や貝加工、黒曜石採掘など、特定の地域での余剰生産は、「食料を獲得するための生業の片手間」におこなわれたのであり、「縄文時代の分業は、いまだ『自然的』な条件にもとづく、一時的・偶発的な自然発生的分業の段階にあって、その分業は、未分化・未発達であった」と説く。

交易商人の存否についてはさらなる議論を要するが、上岩川遺跡群にかぎっていえば、その規模からいって、採掘にかかわった集団が珪質頁岩採掘のみに依存した交換経済で生計を立てていたとは考えられず、採掘活動はいわば季節的な生業の一つだったとするのが妥当だろう。

3　採掘の風景を求めて

採掘の季節はいつか

それでは、上岩川集団が採掘活動をおこなった季節はいつと考えられるのだろうか。季節性を直接示すような資料は出土していない。しかし、縄文時代の人びとは四季に応じた生活を営んでいたといわれる。小林達雄が示した「縄文カレンダー」によれば、春は山菜、夏は海の幸、秋は木の実など山の幸、冬は狩猟、といった具合である。

四季折々の活動のどこに、珪質頁岩採掘は組み込まれたのだろうか。じつは興味深いデータが、イギリスの一大フリント採掘遺跡であるグライムズ・グレイブズ遺跡からみつかっている。

イギリスのグライムズ・グレイブズ遺跡

ヨーロッパでは珪質頁岩に似たフリントという石が石器の材料として、それこそ前期旧石器時代から重宝されていた。グライムズ・グレイブズ遺跡は、いまから五〇〇〇年前の新石器時代にあたるフリント採掘遺跡である（図62）。七・六ヘクタールから四三三基の採掘坑が発見され、現在でも地表面に窪地として確認できる。

一八五二年以降、少なくとも二八基の採掘坑が発掘調査された。そして、推計で二八〇〇万点の石斧を製作できるほどのフリント量が採掘されたといわれる。ここで採掘され石斧に加工

図62 ● グライムズ・グレイブズ遺跡（イギリス）
かつては悪魔の穴とよばれた無数の窪地が一面に広がる。この窪地は、新石器時代人がフリント採掘のために掘削した穴の埋まったものである。

されたフリントはヨーロッパに広く流通したようだ。

この遺跡で、ある種のコウモリの骨がみつかった。コウモリは一般的に洞窟で越冬することで知られる。コウモリの骨が坑道でみつかったことは、同時性が保証されればの話だが、冬場には人の活動が途絶え、そこにコウモリが来たと考えることができ、採掘活動時期の推定範囲を冬以外の季節に狭めることができる。

雪国の採掘活動

遠く離れたイギリスの話をそのままあてはめることはできないが、同じ人類の活動として十分、参考になる。秋田は日本でも有数の豪雪地帯で、近年、暖冬が問題となっているが、それでも上岩川地区では、北国らしい十分な降雪量がある（図63）。

雪深いなかでの採掘がいかに難航するかは想像に難くないだろう。一年のうちで一番効率のよい季節といえば、雪が解け、土壌もある程度乾燥して安定し、かつ下草も邪魔にならない春～初夏ではないだろうか。石器を使った狩猟シーズンは秋口から冬場と思われることから、比較的手の空く初夏に採掘や石器製作、物々交換に携わり、冬場の狩りの支度を整えたのかもしれない。

図63 ●冬の上岩川地区

どんな道具で採掘したのか

残念ながら、はっきりそれとわかる採掘具は出土していない。グライムズ・グレイブズ遺跡では、鹿の角をピックとして利用していたらしいことがわかっている。酸性土壌の日本では、そのような有機質の採掘具は、腐ってなくなってしまっているだろう。

上岩川遺跡群では、石斧が一点だけ出土している。ある程度かたく締まった土を掘り起こすには、石斧といった頑丈な道具が役に立ったのかもしれない。長野県の鷹山遺跡群でも打製石斧が一点出土しており、土掘り具の可能性が示唆されている。しかし、石斧を道具として使っていれば、もっと破損品が出土してもよいはずだ。

ここで重要な知見が最近、長野県の星ヶ塔遺跡でえられた。この遺跡は古くから知られる黒曜石採掘址群であるが、採掘坑の近年における調査で、鹿の角をピックとして使用した可能性を示す痕跡が確認されたのだ（図64）。

上岩川遺跡群でも土掘り具として用いられたであろう石器が出土しなかったということは、そうした有機質の土掘り具があった可能性も考慮しなければならない。

図 64 ● 工具痕跡が残る採掘穴の壁
星ヶ塔遺跡の採掘坑では、鹿角製ピックで掘られたような痕跡が壁面にあった（写真中の鹿角は現代のもの）。

4　石と人間

耳を澄ませば

縄文時代の研究は従来、土器で語られることが多かった。しかし、上岩川遺跡群では石器をいかに読み解くかが鍵となる。それは土器では語ることのできない縄文社会の一側面に光をあてることにつながる。

石器は、土器にくらべて情報量が少ないとよくいわれる。しかし、これは正確ではない。土器と石器では、照らされる縄文社会の側面が同じではないはずだ。わたしたちが聴く耳をもてば意外と石器は雄弁である。石器の声をいかに聴くかは、まさしく考古学の方法にかかっている。これからも石器研究の方法を研ぎ澄まし、石器の声に耳を澄ましていきたい。

上岩川遺跡群の現在

発掘調査が終了した上岩川遺跡群の上には現在、県道が開通している。「記録保存」という名の下に、日本ではじめて確認された珪質頁岩採掘址群である上岩川遺跡群はこの世か

図65●調査区外の杉林
採掘や石器製作に適した平坦地が広がっている。
遺跡群のすべてが消えたわけではない。

ら消滅してしまった。ただ、遺跡群のすべてが失われたわけではない。あくまで道路幅だけが犠牲となったのだ。その西側には採掘に適したであろう平坦地がまだ広がっており、現在は植林された杉林にひっそりと守られている（図65）。

緊急発掘された遺跡の多くがそうであるように、上岩川遺跡群はさほど大きなニュースにもならなかった遺跡だ。だれがみても「スゴイ」遺物や建物跡などが発見されたわけではない。しかし、本書で明らかにしてきたように、一つひとつの資料を丹念に読み解くと、この地域に眠っていた縄文社会の姿が眼前に開ける、やはり「スゴイ」遺跡なのだと思う。

神さんの石

いまも上岩川地区では、縄文人に愛された珪質頁岩が、民家の玄関先や祠《ほこら》で風に吹かれている（図66）。ある日、珪質頁岩を軒下に並べている民家を訪ねた。田んぼを耕すときには厄介者である頁岩をなぜ、軒下に飾るように並べているのか気になったからだ。そして、その答えにほのかな期待もあった。もしかして、頁岩は地域住民にとって特別な石なのではないか……。

図66 ● 珪質頁岩が置かれた祠
中央の碑の左右にあるのが珪質頁岩。上岩川地区を含めた旧琴丘町では珪質頁岩を祀った祠が点在している。なかには1m以上の巨礫を祀っているところもある。

「これ？　これはあれだな、漬け物石に使うんだ、漬け物石」

そう答えたのは、工藤正幸さん。一気に期待は打ち砕かれた。しかし、諦めない。くわしく聞いてみると「そういえば、昔は神さんの石ともいわれてたっすな」という答えを聞き出せた。

工藤さんの話によると、子どものころ、大雨のときなど山で土砂崩れがあると、大きな頁岩が転がり落ちてくることがよくあったようだ。そうした大きな石を、綺麗なので「山の神さんの石」とよんでいたようだ。縄文人も案外、そうした偶然から巨大な珪質頁岩を発見したのかもしれない。若い男衆は力自慢で、だれが一番大きな石を運んで持ってくるか、だれの石が一番綺麗か、競っては品評をしながら酒を飲んでいたらしい。工藤さんは石を運んで宴会をしたその場所に案内してくれるという。

そういえば、日本には古くから「力石」という風習があるのを思い出した。自転車を借りて一緒に行くと、たしかに巨大な玉髄質の珪質頁岩が、草木の陰にどっしりと据わっていた（図67）。

工藤さんの若かりしころの話を聞き、満足した気分で家路についた。これらの珪質頁岩は何千年も、上岩川の人びとの生活をみつめてきたであろうことに想いをはせて。

図67 ●「山の神さんの石」だった珪質頁岩
青年時代に力くらべで丘まで運んだ岩と再会する工藤さん。
とてもひとりで持ち運んだとは思えない重いものだ。

参考文献

赤澤威　一九八三『狩猟採集民の考古学』海鳴社

秋田県教育委員会　一九九七『池内遺跡—遺構編—』秋田県文化財調査報告書　第二六八集

秋田県教育委員会　二〇〇四『狐森遺跡』秋田県文化財調査報告書　第三七八集

秋田県教育委員会　二〇〇八『鹿渡渉Ⅱ遺跡・樋向Ⅰ遺跡・樋向Ⅱ遺跡・樋向Ⅲ遺跡・大沢Ⅰ遺跡・大沢Ⅱ遺跡』秋田県文化財調査報告書　第四三六集

安蒜政雄　一九七四「砂川遺跡についての一考察」『史館』二号

砂川遺跡調査団　一九七四『砂川先土器時代遺跡』所沢市教育委員会

大工原豊　二〇〇二「黒曜石の流通をめぐる社会」『縄文社会論（上）』同成社

勅使河原彰　二〇〇七「縄文時代の分業の特質」『考古学論究—小笠原好彦先生退任記念論集—』

戸沢充則　一九六八「埼玉県砂川遺跡の石器文化」『考古学集刊』四巻一号

秦昭繁　二〇〇一「考古学における珪質頁岩の石材環境と産地推定」『山形応用地質』第二一号

明治大学鷹山遺跡群調査団　一九九九『長野県鷹山黒曜石原産地遺跡群の研究』

吉川耕太郎　二〇〇八「東北日本における石材資源の獲得と消費」『考古学ジャーナル』No.五七五　ニューサイエンス社

吉川耕太郎　二〇一〇「縄文時代の珪質頁岩採掘址群」『秋田県埋蔵文化財センター研究紀要』第二四号

Mercer, R. 1981 Grimes Graves, Norfolk. Excavations 1971-2, Vol.1, H.M.S.O. Department of the Environment Archaeological Reports11, London

上岩川遺跡群

・秋田県山本郡三種町上岩川字鹿渡渉・樋向・大沢に所在。

現在は、遺跡の上を県道能代五城目線が南北に走っている。小又川流域では珪質頁岩を採集することができる。また、周辺の小さな祠や神社などでは、据えられた大きな珪質頁岩をみることもできる。

上岩川遺跡群の現況

秋田県立博物館

・秋田県秋田市金足鳰崎字後山52
・電話　018（873）4121
・開館時間　4～10月は9：30～16：30、11～3月は9：30～16：00
・休館日　月曜日（祝日の場合は翌日）、年末年始、全館燻蒸消毒期間
・入館料　常設展示・企画展示ともに無料（特別展は有料）
・交通　奥羽本線・男鹿線追分駅下車徒歩20分、秋田中央交通五城目線「金足農業高校入り口」下車徒歩15分。車で、秋田自動車道秋田北ICから15分・昭和男鹿半島ICから10分

秋田県の人文と自然および人物を紹介・研究する総合博物館。縄文時代の資料は「人文展示室」で展示しており、上岩川地区で産出する珪質頁岩なども紹介している。

秋田県立博物館の展示室

秋田県埋蔵文化財センター

・秋田県大仙市払田字牛嶋20
・電話　0187（69）3331
・開館時間　平日8：30～17：00、土日祝9：00～16：00
・休館日　年末年始
・交通　JR大曲駅より羽後交通バス千屋線「奥羽山荘行き」で約30分、「埋蔵文化財センター前」下車。車で秋田自動車道大曲ICから約15分。

秋田県内の遺跡の発掘調査をする機関。特別展示室で県内各地の遺跡から出土した土器や石器を多数展示している。また、発掘調査している遺跡の見学会を随時おこなっている。

刊行にあたって

「遺跡には感動がある」。これが本企画のキーワードです。

あらためていうまでもなく、専門の研究者にとっては遺跡の発掘こそ考古学の基礎をなす基本的な手段です。また、はじめて考古学を学ぶ若い学生や一般の人びとにとって「遺跡は教室」です。

日本考古学では、もうかなり長期間にわたって、発掘・発見ブームが続いています。そして、毎年厖大な数の発掘調査報告書が、主として開発のための事前発掘を担当する埋蔵文化財行政機関や地方自治体などによって刊行されています。そこには専門研究者でさえ完全には把握できないほどの情報や記録が満ちあふれています。しかし、その遺跡の発掘によってどんな学問的成果が得られたのか、その遺跡やそこから出た文化財が古い時代の歴史を知るためにいかなる意義をもつのかなどといった点を、莫大な記述・記録の中から読みとることははなはだ困難です。ましてや、考古学に関心をもつ一般の社会人にとっては、刊行部数が少なく、数があっても高価なその報告書を手にすることすら、ほとんど困難といってよい状況です。

いま日本考古学は過多ともいえる資料と情報量の中で、考古学とはどんな学問か、また遺跡の発掘から何を求め、何を明らかにすべきかといった「哲学」と「指針」が必要な時期にいたっていると認識します。

本企画は「遺跡には感動がある」をキーワードとして、発掘の原点から考古学の本質を問い続ける試みとして、日本考古学が存続する限り、永く継続すべき企画と決意しています。いまや、考古学にすべての人びとの感動を引きつけることが、日本考古学の存立基盤を固めるために、欠かせない努力目標の一つです。必ずや研究者のみならず、多くの市民の共感をいただけるものと信じて疑いません。

監　修　戸沢　充則

編集委員　勅使河原彰　小野　昭
小野　正敏　石川日出志
小澤　毅　佐々木憲一

著者紹介

吉川耕太郎（よしかわ　こうたろう）

1973年兵庫県生まれ。明治大学大学院博士前期課程修了
秋田県立博物館学芸職員
主な著書「後期旧石器時代における石器原料の消費過程と遺跡のつながり」『旧石器考古学』第56号（旧石器文化談話会）、「石器原料の獲得・消費と移動領域の編成」『旧石器研究』第3号（日本旧石器学会）、「縄文時代の珪質頁岩採掘址群—三種町上岩川遺跡群の構成と採掘・石器製作・搬出—」『研究紀要』第24号（秋田県埋蔵文化財センター）、「東北地方のナイフ形石器」『考古学研究』第57号第3巻（考古学研究会）

写真提供（所蔵）
図3・10（黒耀石体験ミュージアム）、図5〜7・16・20・21・23・26〜28・31・36〜39・41・48（上）・49・50・52・53・57（秋田県埋蔵文化財センター）、図14・15（羽後町教育委員会）、図17・18（秋田県教育庁払田柵跡調査事務所）、図60（秋田県立博物館）、図62（野口淳）、図64（下諏訪町教育委員会）

図版出典（一部改変）
図19・22・24・25・29・30（秋田県教育委員会2008）、図8・42（国土地理院2万5千分の1地形図「小又口」）、図47（国土地理院5万分の1地形図「森岳」）

上記以外は著者

シリーズ「遺跡を学ぶ」083

北の縄文鉱山・上岩川《かみいわかわ》遺跡群

2012年 2月25日　第1版第1刷発行

著　者＝吉川耕太郎

発行者＝株式会社 新 泉 社
東京都文京区本郷2-5-12
振替・00170-4-160936番　TEL03(3815)1662／FAX03(3815)1422
印刷／萩原印刷　製本／榎本製本

ISBN978-4-7877-1233-2　C1021

シリーズ「遺跡を学ぶ」

A5判／96頁／定価各1500円＋税

●第Ⅰ期（全31冊完結・セット函入46500円＋税）

01 北辺の海の民・モヨロ貝塚　米村衛
02 天下布武の城・安土城　木戸雅寿
03 古墳時代の地域社会復元・三ツ寺Ⅰ遺跡　若狭徹
04 原始集落を掘る・尖石遺跡　勅使河原彰
05 世界をリードした磁器窯・肥前窯　大橋康二
06 五千年におよぶムラ・平出遺跡　小林康男
07 豊饒の海の縄文文化・曽畑貝塚　木﨑康弘
08 未盗掘石室の発見・雪野山古墳　佐々木憲一
09 氷河期を生き抜いた狩人・矢出川遺跡　堤隆
10 描かれた黄泉の世界・王塚古墳　柳沢一男
11 江戸のミクロコスモス・加賀藩江戸屋敷　追川吉生
12 北の黒曜石の道・白滝遺跡群　木村英明
13 古代祭祀とシルクロードの終着地・沖ノ島　弓場紀知
14 黒潮を渡った黒曜石・見高段間遺跡　池谷信之
15 縄文のイエとムラの風景・御所野遺跡　高田和徳
16 鉄剣銘一一五文字の謎に迫る・埼玉古墳群　高橋一夫
17 石にこめた縄文人の祈り・大湯環状列石　秋元信夫
18 土器製塩の島・喜兵衛島製塩遺跡と古墳　近藤義郎
19 縄文の社会構造をのぞく・姥山貝塚　堀越正行
20 大仏造立の都・紫香楽宮　小笠原好彦
21 律令国家の対蝦夷政策・相馬の製鉄遺跡群　飯村均
22 筑紫政権からヤマト政権へ・豊前石塚山古墳　長嶺正秀
23 弥生実年代と都市論のゆくえ・池上曽根遺跡　秋山浩三
24 最古の王墓・吉武高木遺跡　常松幹雄
25 石槍革命・八風山遺跡群　須藤隆司
26 大和葛城の大古墳群・馬見古墳群　河上邦彦
27 南九州に栄えた縄文文化・上野原遺跡　新東晃一
28 泉北丘陵に広がる須恵器窯・陶邑遺跡群　中村浩
29 東北古墳研究の原点・会津大塚山古墳　辻秀人
30 赤城山麓の三万年前のムラ・下触牛伏遺跡　小菅将夫
別01 黒耀石の原産地を探る・鷹山遺跡群　黒耀石体験ミュージアム

●第Ⅱ期（全20冊完結・セット函入30000円＋税）

31 日本考古学の原点・大森貝塚　加藤緑
32 斑鳩に眠る二人の貴公子・藤ノ木古墳　前園実知雄
33 聖なる水の祀りと古代王権・天白磐座遺跡　辰巳和弘
34 吉備の弥生大首長墓・楯築弥生墳丘墓　福本明
35 最初の巨大古墳・箸墓古墳　清水眞一
36 中国山地の縄文文化・帝釈峡遺跡群　河瀬正利
37 縄文文化の起源をさぐる・小瀬ヶ沢・室谷洞窟　小熊博史
38 世界航路へ誘う港市・長崎・平戸　川口洋平
39 武田軍団を支えた甲州金・湯之奥金山　谷口一夫
40 中世瀬戸内の港町・草戸千軒町遺跡　鈴木康之
41 松島湾の縄文カレンダー・里浜貝塚　会田容弘
42 地域考古学の原点・月の輪古墳　近藤義郎・中村常定
43 天下統一の城・大坂城　中村博司
44 東山道の峠の祭祀・神坂峠遺跡　市澤英利
45 霞ヶ浦の縄文景観・陸平貝塚　中村哲也
46 律令体制を支えた地方官衙・弥勒寺遺跡群　田中弘志
47 戦争遺跡の発掘・陸軍前橋飛行場　菊池実
48 最古の農村・板付遺跡　山崎純男
49 ヤマトの王墓・桜井茶臼山古墳・メスリ山古墳　千賀久
50 「弥生時代」の発見・弥生町遺跡　石川日出志

●第Ⅲ期（全26冊完結・セット函入39000円＋税）

51 邪馬台国の候補地・纒向遺跡　石野博信
52 鎮護国家の大伽藍・武蔵国分寺　福田信夫
53 古代出雲の原像をさぐる・加茂岩倉遺跡　田中義昭
54 縄文人を描いた土器・和台遺跡　新井達哉
55 古墳時代のシンボル・仁徳陵古墳　一瀬和夫
56 大友宗麟の戦国都市・豊後府内　玉永光洋・坂本嘉弘
57 東京下町に眠る戦国の城・葛西城　谷口榮
58 伊勢神宮に仕える皇女・斎宮跡　駒田利治
59 武蔵野に残る旧石器人の足跡・砂川遺跡　野口淳
60 南国土佐から問う弥生時代像・田村遺跡　出原恵三
61 中世日本最大の貿易都市・博多遺跡群　大庭康時
62 縄文の漆の里・下宅部遺跡　千葉敏朗
63 東国大豪族の威勢・大室古墳群〔群馬〕　前原豊
64 新しい旧石器研究の出発点・野川遺跡　小田静夫
65 旧石器人の遊動と植民・恩原遺跡群　稲田孝司
66 古代東北統治の拠点・多賀城　進藤秋輝
67 藤原仲麻呂がつくった壮麗な国庁・近江国府　平井美典
68 列島始原の人類に迫る熊本の石器・沈目遺跡　木﨑康弘
69 奈良時代からつづく信濃の村・吉田川西遺跡　原明芳
70 縄紋文化のはじまり・上黒岩岩陰遺跡　小林謙一
71 国宝土偶「縄文ビーナス」の誕生・棚畑遺跡　鵜飼幸雄
72 鎌倉幕府草創の地・伊豆韮山の中世遺跡群　池谷初恵
73 東日本最大級の埴輪工房・生出塚埴輪窯　高田大輔
74 北の縄文人の祭儀場・キウス周堤墓群　大谷敏三
75 浅間山大噴火の爪痕・天明三年浅間災害遺跡　関俊明
別02 ビジュアル版 旧石器時代ガイドブック　堤隆

●第Ⅳ期　好評刊行中

76 遠の朝廷・大宰府　杉原敏之
77 よみがえる大王墓・今城塚古墳　森田克行
78 信州の縄文早期の世界・栃原岩陰遺跡　藤森英二
79 葛城の王都・南郷遺跡群　坂靖・青柳泰介
80 房総の縄文大貝塚・西広貝塚　忍澤成視
81 前期古墳解明への道標・紫金山古墳　阪口英毅
82 古代東国仏教の中心寺院・下野薬師寺　須田勉
83 北の縄文鉱山・上岩川遺跡群　吉川耕太郎